Colección Tierra Firme

GABRIEL GARCÍA MÁRQUEZ Y LA NOVELA DE LA VIOLENCIA EN COLOMBIA

MANUEL ANTONIO ARANGO

Gabriel García Márquez y la novela de la violencia en Colombia

FONDO DE CULTURA ECONÓMICA

MÉXICO

Primera edición, 1985

D. R. © 1985, Fondo de Cultura Económica, S. A. de C. V.
Av. de la Universidad, 975; 03100 México, D. F.

ISBN 968-16-1960-9

Impreso en México

A Elvira, mi madre

ADVERTENCIA

Esta breve obra, compendio de crítica literaria de las principales novelas de *La violencia en Colombia,* representa el trabajo de cinco años de investigación.

Agrupando las novelas escritas por cada autor, hemos tratado de sistematizar en cada una de ellas el análisis de la violencia en el respectivo departamento del país. Así, el tema de la violencia aparece de la siguiente manera: el departamento del Magdalena y en general la costa norte de Colombia, representados por las novelas de Gabriel García Márquez y Álvaro Cepeda Samudio; los departamentos de Tolima, Cundinamarca, Boyacá, Santander y la región de los Llanos Orientales por Manuel Zapata Olivella y Eduardo Caballero Calderón; los departamentos de Antioquia, Caldas y el Quindio, por Manuel Mejía Vallejo y Euclides Jaramillo Arango, y finalmente la violencia directa y cruda descrita por Daniel Caicedo y Gustavo Álvarez Gardeazábal en el departamento Del Valle.

Para ofrecer una visión de la violencia en Colombia a través de la novela, fue necesario tomar en algunos casos datos y juicios ajenos, a fin de complementar lo mejor posible el cuadro que nos propusimos.

Al seleccionar las novelas aparecidas en *Gabriel García Márquez y la novela de la violencia en Colombia,* se ha seguido como criterio fundamental la realización literaria del tema de la violencia, tema que se ha enfocado en diferentes ángulos que van desde el testimonio directo hasta el hambiente real donde se halla la misma atmósfera.

En el desarrollo del presente trabajo se da la relación entre lo real y lo imaginario. Cuando la línea divisoria entre lo real y lo imaginario se convierte en una misma en el lenguaje, estamos frente de lo real maravilloso, fenómeno que se halla a menudo en las novelas de Gabriel García Márquez el que nos señala un hecho concreto: el mundo de lo real. De esta manera hemos estructurado una crítica literaria de las principales novelas del periodo denominado *La violencia en Colombia.*

MANUEL ANTONIO ARANGO L.

Department of Modern Languages and Literatures
Laurentian University, Sudbury, Ontario, Canada

INTRODUCCIÓN

Es un hecho incontrovertible, que la época que se ha denominado de *La violencia en Colombia* ha sido quizá la mayor tragedia que haya azotado a este país, en todas las épocas de la historia. Un odio sin límites entre hermanos, hijos de la misma patria, ha quedado como resultado de luchas fratricidas que hasta la fecha no se ha logrado definir sus verdaderas causas. Alrededor de doscientos mil muertos a todo lo largo y ancho del territorio nacional, la ruina económica, moral y social del mismo es el balance de la hecatombe nacional.

"Un empobrecimiento de la economía nacional, fruto de la inseguridad en campos y poblados, de la migración del hombre campesino hacia las capitales, y de la mala reputación que el país ha adquirido en territorios extranjeros, freno indiscutible para quienes un día pensaron en vincular sus capitales a nuestra industria."[1]

"La violencia, es algo más que una hecatombe brutal y que los incendios y que la miseria. La violencia es una problemática que no ha pasado, ni ha sido superada. Pervive en sus más hondas implicaciones, macerando factores que precipitarán un cambio radical de estructuras en el país."[2]

La violencia política ha sido una de las constantes más frecuentes en la historia colombiana; este factor sociopolítico llega a su clímax entre 1946 y 1965 y es conocido como la época de "la violencia".

La violencia en Colombia, de 1946 a 1965, el mayor conflicto armado en el hemisferio occidental desde la Revolución Mexicana, fue una de las guerras intestinas más extensas y complejas de este siglo. El estudio de la violencia remonta las fronteras de todas las ciencias sociales.

La atmósfera intensamente emocional, densa y política del conflicto, ha producido una literatura nacional sobre el tema, acerca de la cual para ser exactos sólo puede hacerse una generalización: todo es parcial. La investigación y análisis de los académicos provenientes de fuera de Colombia —fundamentalmente de los Estados Unidos y de la Gran Bre-

[1] Monseñor Guzmán y otros, *La violencia en Colombia*, Ediciones Tercer Mundo 2ª ed., 1962, cap. XI.
[2] *Op. cit.*, t. I, p. 300.

taña— que ha intentado abordar la violencia encara cuatro dificultades. Primera, los académicos anglosajones, demasiado sensibles al cargo de perpetuar la leyenda negra de violencia y crueldad en la cultura hispánica, tienden a ofrecer excusas a la corrupción en lugar de enfrentarse directamente con los problemas sociales colombianos. En segundo lugar, como suelen aceptar como un artículo de fe que el concepto de democracia bipartidista es deseable por sí mismo, les resulta difícil imaginar que un sistema con dos partidos sea la mayor causa de violencia social. En tercer lugar, la violencia es un fenómeno rural que ha generado relativamente muy pocos datos escritos y que requiere una muy ardua investigación de campo y de un tipo muy poco practicado por los muchos autores que han escrito sobre el tema. En cuarto lugar, el estudio de la violencia ha sido abordado en una época de reinterpretaciones marxistas e izquierdistas que ha producido tantas emociones como genuinas evidencias cuando más apremiante resultaba recabar hechos fundamentales.[3]

La violencia de las décadas de los años cincuenta y sesenta en Colombia en el siglo xx, tienen quizá raíces en los años 1840 y 1850 en los acontecimientos que narran el origen bipartidista del país. Fecha señera podría señalarse el año de 1848, cuando se unen en dos grandes partidos las diferentes facciones políticas que había hasta entonces. A partir de esta fecha podemos establecer una cronología de hechos violentos que se reflejan en los acontecimientos narrados en *Cien años de soledad* de Gabriel García Márquez.

Se ha dicho que la *novela de violencia,* es ante todo una obra de arte eminentemente comprometida, quizá porque el autor se ve obligado a narrar una serie de hechos, narración que se traslada de hecho a los lectores, por lo tanto hace partícipes a los mismos de una tragedia personal. A pesar de que el novelista no se presenta con estadísticas sociológicas, su obra responde a una inquietud del problema que desea enfocar. "Pero si la tragedia no es únicamente personal, sino común con la sociedad de la que él forma parte, con la ideología política o religiosa con la que él simpatiza, y su intención es mostrar el drama que se desarrolla dentro de la institución de su preferencia, en-

---

[3] Russell W. Ramsey, "Critical Bibliography on la Violencia in Colombia", *Latin American Research Review,* EU, vol. 8, núm. I, 1973, p. 3.

tonces su compromiso es mayor, no ya de carácter personal, sino institucional." [4]

La traslación a la novela de un hecho político causado por la falta de estructuración intelectual, por el subdesarrollo en todos los campos, y por la explotación de las burguesías criollas y del coloniaje imperialista nos conduce a crear una literatura especial, literatura de compromiso, como lo afirma Omar González González, "como literatura de urgencia" [5] que a su vez produce una estética de urgencia.

Un escritor que vive esa situación, que lleva en su tradición el concepto de libertad que se halla rodeado de partidos "que tuvieron en un momento de la historia colombiana, como único programa, matar a otro en nombre de una ideología a veces muy gastada", [6] ese escritor tiene que tomar partido en la contienda.

Atrapado en el medio mismo, la urgencia del problema limita su libertad. El problema mata a la forma, el compromiso político al aliento vital. La segunda etapa del desarrollo se posibilita por la abstracción. Es necesario que el autor delibere sobre el problema para que éste pueda constituir una forma convincente y emocionante, con una estética cultivada. En ese momento el hecho político puede llegar al arte. Sin reflejo, sin abstracción objetivadora, la obra quedaría en el plano de la crónica o de la denuncia. [7]

Colombia, uno de los países de más tradición hispánica de Hispanoamérica, heredó de sus antepasados ese fanatismo cerrado propio del hombre español, fanatismo que lo conduce a no querer enfrentarse a un enfoque objetivo, imparcial y científico, o sea el obligado a utilizarse para el estudio de las causas, resultado y desarrollo de la violencia.

A pesar de este fenómeno que podríamos denominar de *Regresión colonial,* se observa la transformación que operó en las masas, sobre todo en la gran masa rural, por obra de la violencia. Se trata de un cambio de actitudes frente a las estructuras, a los dirigentes y a la propia antigua mentalidad del pueblo.

[4] Gerardo Suárez Rondón, *La novela sobre la violencia en Colombia,* Bogotá, Colombia, 1966, p. 5.

[5] Omar González González, *Notas sobre la violencia en Colombia,* inédito, Bogotá, 1963.

[6] *Op. cit.*

[7] Helga Krüger, "El autor y la novela de violencia", *Boletín Cultural y Bibliográfico,* Bogotá, Colombia, S. A., vol. VII, núm. 3, p. 390.

El asesinato del líder liberal Jorge Eliecer Gaitán, ocurrido en pleno centro de Bogotá, el 9 de abril de 1948, aumentó vertiginosamente la ola de violencia que se venía desatando en el país, dos años antes de la muerte del dirigente político. El homicidio de Gaitán, del que aún no se conocen el autor o los autores intelectuales, produjo un conato de revolución denominado el "bogotazo" del 9 de abril, el que fue sofocado por el gobierno de Ospina Pérez. Después del 9 de abril de 1948, se desencadenó una serie de crímenes, venganzas y odios en las cuales liberales y conservadores se enfrentaron en una batalla sangrienta, que constituyó en el fondo una guerra civil "no declarada" a lo ancho y largo del país.

La "Violencia" (con mayúscula) fue una guerra civil no declarada que empezó con la presidencia de Mariano Ospina Pérez en 1946. Dado que el partido conservador sólo había llegado al poder gracias a una escisión interna del partido liberal y no disponía de la mayoría en el cuerpo legislativo, el conflicto era inevitable. Los conservadores intentaron cambiar con medios de represión estatal las relaciones de poder en aquellas regiones donde la mayoría liberal era débil. Un acontecimiento importante dentro de la evolución del conflicto que marcó la transición de la represión escondida a la represión abierta fue el asesinato de Jorge Eliecer Gaitán en abril de 1948. Este crimen, nunca satisfactoriamente elucidado, tuvo como consecuencia una rebelión popular espontánea en las grandes ciudades, la que fue rápidamente reprimida por el poder ejecutivo. En esta situación, el partido liberal, cuyos partidarios en lo esencial sufrieron la represión, se mostró incapaz de contener al poder ejecutivo. Sus representantes políticos se refugiaron en el puro abstencionismo. Como nuevo presidente se eligió en noviembre de 1949 a Laureano Gómez, que simpatizaba abiertamente con la España de Franco. Sólo a partir de su administración se organiza en gran parte de la Colombia rural la resistencia armada contra la policía y las milicias conservadoras. La "Violencia" toma finalmente las proporciones de una rebelión popular que ni el poder gubernamental ni la oposición liberal llegan a controlar. En este punto del proceso político-social, fracciones importantes de los dos partidos tradicionales exhortan al comandante general de las fuerzas armadas, Gustavo Rojas Pinilla, a tomar el poder. En señal de conformidad, las *élites* políticas legalizan el golpe casi en el acto. El nuevo régimen decreta una amnistía general que al principio conduce a una disminución casi completa de los actos violentos. Pero a partir de mediados de 1954 se nota un nuevo incremento de la "Violencia", que, en algunas partes del país, otra vez se vuelve normalidad cotidiana. Cuando el régimen de Rojas Pinilla, que mostraba características claras de populismo, comienza además a sustraerse del control de las *élites* tradicionales, los conservadores y liberales forman el Frente Nacional, es decir, la repartición concertada del poder entre los dos partidos tradicionales. Rojas Pinilla dimite de la presidencia en mayo de 1957. El nombramiento de una Comisión Nacional Investigadora de las Causas Actuales de la Violencia en mayo de 1958 marca un hito en la historia de la guerra civil no declarada. Los siguientes conflictos armados en Colombia ya no van a alcanzar las dimensiones de la "Violencia". Revisten también, en parte, otra calidad por su vinculación directa con la revolución cubana y el conflicto chino-soviético.

Mientras las causas de la "Violencia" y las etapas de su evolución parecen ser elucidadas *grosso modo,* queda por resolver el problema de su génesis y su papel en la transformación socioeconómica del país. Numerosos factores económicos y político-sociales que originaron la "Violencia" existen también en otros países latinoamericanos. El problema que se plantea es el de determinar el conjunto específico de estos factores que llegaron a desencadenar la "Violencia colombiana". Sin embargo, en cuanto a la representación de la "Violencia" en García Márquez, la solución de este planteamiento no significa una condición previa. La interpretación de la "Violencia" en *El coronel no tiene quien le escriba* y *La mala hora* y su carácter representativo de manifestación de la violencia estructural americana, carácter actualizable por cualquier lector latinoamericano consciente del fenómeno, se deducen con suficiente claridad de las intenciones del "autor", voz de la novela. En las dos novelas de García Márquez, la "Violencia" se presenta como represión organizada por el poder ejecutivo, que no vacila en emplear todos los recursos del terror para "Someter al pueblo a cualquier precio".[8]

Desafortunadamente el sector más afectado en el conflicto promovido por los políticos colombianos, cayó en la masa campesina, analfabeta, exaltados en política, por su misma ignorancia, pues el 90% de ellos no tenían convicción de sus ideales y desconocían por completo estructuras ideológicas. Dos declaraciones, una extraída del estudio titulado *Criminalidad,* publicado por el Estado Mayor de la policía nacional en 1957, y la segunda tomada de los Anales del Con-

---

[8] Klaus Meyer-Minnemann, "Texto/Contexto en la literatura Iberoamericana", Memoria del XIX Congreso, Pittsburgh, 27 de mayo-1 de junio de 1979, pp. 218-219.

greso, 6 de septiembre de 1962, comprueban la complicidad de los
políticos de turno de Colombia: a) "El empleo de la policía como
fuerza de choque para garantizar triunfos electorales y respaldar autoridades sectarias fue, a nuestro criterio, la causa mayor de la violencia." [9] "Todos sabemos cuál es el origen de la violencia en Colombia
[...]; quién ha impuesto a esa masa ignara [...], a esa masa que no
ha tenido redención, ese morbo de la violencia. Y sabemos que no fueron las Fuerzas Armadas las que dijeron a los campesinos que fueran
a matar para ganar elecciones [...], sino los representantes y los sena-
dores y los políticos colombianos." [10]

Esta masa campesina completamente ignorada por los dirigentes políticos, los que sólo se acercan a ellos con propósitos demagógicos y de
explotación económica, viven en grupos vecinales llamados veredas
en condiciones infrahumanas. Desarrollan labores agrícolas con técnicas casi medievales, carecen de un 90% de servicios sanitarios, agua
potable, electricidad y recursos a todo nivel.

Pues bien, de estos hechos que rápidamente hemos mencionado y
que la sociedad denomina *La época de la violencia,* nace la novelística
que lleva su nombre: *La novela de violencia en Colombia,* que cuenta
con 74 novelas publicadas entre 1951 y 1972, número que supera en
cantidad la llamada novela de la *Revolución Mexicana,* que en el
fondo tienen mucho en común.

Refiriéndose a la producción novelística a causa de la "violencia en
Colombia", Gabriel García Márquez considera lo siguiente:

Es explicable [...] que la única explosión literaria de legítimo carácter
nacional que hemos tenido en nuestra historia —la llamada novela de
la violencia— haya sido un despertar a la realidad del país literariamente
frustrado. Sin una tradición, el primer drama nacional de que éramos
conscientes nos sorprendería desarmados. Para que la digestión literaria
de la violencia política se cumpliera de un modo total, se requería un
conjunto de condiciones culturales prestablecidas, que en el momento
crítico hubiera respaldado la urgencia de la expresión artística.[11]

No es posible comprender a fondo la temática de la obra de García

[9] Citado por monseñor Guzmán y otros, *La violencia en Colombia,* t. 2, p. 35.
[10] *Op. cit.,* p. 389.
[11] G. García Márquez, "La literatura colombiana, en fraude a la nación", *Eco,* número 203, 1978, p. 1204.

Márquez, si no se tiene presente la violencia en Colombia como punto de referencia. Sus novelas: *La hojarasca* (1955), *El coronel no tiene quien le escriba* (1961), *La mala hora* (1961), y *Cien años de soledad* (1967), son novelas que con diferentes maneras de narrar, enfocan ese tremendo drama nacional que ha sufrido Colombia a través de la historia. Otros autores continuaron bajo la misma línea, dando como resultado obras señeras de la violencia que desentrañan los orígenes del problema e inician una novelística que enfoca los hechos, tras la historia nacional de cuatro siglos de vida feudal que son la verdadera causa del dramático desenlace de la tormenta. Así los novelistas contemporáneos colombianos ampliaron su temática a fin de denunciar el drama humano no sólo de las víctimas sino de los responsables de la misma. Un núcleo prestigioso de escritores como Gabriel García Márquez, Eduardo Caballero Calderón, Manuel Mejía Vallejo, Euclides Jaramillo Arango, Álvaro Cepeda Samudio, Gustavo Álvarez Gardeazábal, Daniel Caicedo, Manuel Zapata Olivella y alrededor de un centenar más llevan a la literatura la más grande hecatombe que haya tenido Colombia: La violencia.

Con todo, un valioso servicio nos han prestado los testigos de la violencia al imprimir sus testimonios en bruto. Hay que confiar en que ellos prestarán una buena ayuda a quienes sobrevivieron a la violencia y se están tomando el tiempo para aprender a escribirla [...] La aparición de esa gran novela, es inevitable, en una segunda vuelta de ganadores, aunque ciertos amigos impacientes consideren que entonces será demasiado tarde que sirva de algo el contenido político que tendrá sin remedio.[12]

Por consiguiente, la novelística de la violencia no puede seguir considerándose, como la crítica ha venido haciéndolo hasta ahora, como una seudoliteratura; grupo de novelas que no tienen otro valor que el de servir de testimonio fiel de la opresión ejercida por un determinado partido político. Es verdad, sin embargo, que existe un grupo bastante extenso de novelas que pertenecen más al campo del documento sociológico que al campo de la literatura. La descripción de métodos de violencia y muchas veces también el alegato político, en ninguna forma desentrañan el sentido de violencia. Además, el apresuramiento con que estas novelas se escribieron y el afán de muchos escritores (muchos

---

[12] G. García Márquez, "Dos o tres cosas sobre la novela de violencia", en *Tabla redonda*, núms. 5-60, 1960, p. 20.

de ellos periodistas) por dar testimonio de la realidad nacional, no permitieron reflexionar suficientemente sobre el tema, sus implicaciones, y toda la gama de posibilidades creativas que el tema ofrecía. La inmediatez de estas novelas y su pobreza expresiva ha llevado a algunos comentaristas de éste a afirmar que la novela de la violencia no es otra cosa que un largo "inventario de muertos". Hay que tener en cuenta también, que la censura de la prensa y de todos los medios de difusión impuestos por el gobierno durante la época de la violencia, provocaron, posiblemente, toda esta difusión de literatura testimonial que tenía como principal objetivo comunicar la realidad política del país en vez de recrearla como literatura.

Sin embargo, ahora, con unos años más de perspectiva, parece un poco apresurado reducir la novela de la violencia, a la literatura testimonial de poco o ningún valor artístico. Un cuidadoso inventario de las novelas publicadas durante las últimas décadas nos llevan a concluir que entre la gran cantidad de novelas producidas, se puede ir delineando una tendencia bastante clara, seguida por un grupo de escritores, a literaturizar la violencia, a elevar a estructura literaria significativa la realidad sociopolítica del país. La literatura para estos escritores no representa un medio para comunicar la realidad social, sino que se constituye en parte integrante de esta realidad. Es decir las novelas no se subordinan a esta realidad sino que, a través de un lenguaje, crean su propia realidad y su propia autonomía.[13]

Cuando la violencia tiene orígenes en un subdesarrollo, condición que conlleva a la miseria, la injusticia, el despojo, el coloniaje y el racismo, crea una literatura de violencia como consecuencia histórica. Así los escritores que se agrupan bajo el término de novelistas de la "Violencia" en Colombia, señalan las más bárbaras de las violencias: la violencia contra la masa campesina y contra los pueblos. Es, en el fondo, una violencia de subdesarrollo, primitiva, bárbara e infrahumana. Ariel Dorfman enfoca la violencia americana desde este punto de vista que venimos tratando y considera que:

La agresión ha comenzado hace mucho tiempo: América es fruto de una violencia prolongada, de un saqueo continuo, de la guerra civil y fratricida en toda su geografía. El mundo está dado con ciertas dimensiones evidentes. Cuando encontramos al personaje por primera vez,

[13] Lucila Inés Mena, "Bibliografía anotada sobre el ciclo de la violencia en la literatura colombiana", en: *Latin American Research, Review,* vol. XIII, núm. 3, 1978, p. 96.

cuando lo sentimos ir naciendo en los ojos-vientre del lector, ya hay un mundo concreto rodeándolo, lleno de sombras y puños y rifles, que él acata y crea de nuevo con sus decisiones, pero que lo envuelve desde antes, desde un lejano, intangible antes, casi como un pecado original, la 'estructura que nuestros padres nos han legado y que ellos a su vez recibieron de sus padres, de generación en generación cambiando y siendo determinados, esta herencia temprana muerte posible, nuestro patrimonio, nuestra condena, tal vez nuestra salvación.[14]

Las novelas representativas del ciclo denominado la *Novela de violencia en Colombia* son las siguientes:

Acosta, Pedro, *El cadáver del Cid*, Bogotá, Ediciones Voces libres, 1965.

Airó, Clemente, *La ciudad y el viento*, Bogotá, Ediciones Espiral, 1961.

—— *El campo y el fuego*, Bogotá, Editorial Tercer Mundo, 1972.

Almova, Domingo, *Sangre*, Cartagena, Editorial Bolívar, 1953.

Álvarez Gardeazábal, Gustavo, *La tara del Papa*, Buenos Aires, Compañía General Fabril Editora, 1970.

—— *Cóndores no entierran todos los días*, Barcelona, Ediciones Destino, 1972.

—— *Dabeiba*, Barcelona, Ediciones Destino, 1972.

Ángel, Augusto, *La sombra del sayón*, Bogotá, Editorial Kelly, 1964.

Arias Ramírez, Fernando, *Sangre campesina*, Manizales, Imprenta Departamental de Caldas, 1965.

Bayer, Tulio, *Carretera al mar*, Bogotá, Editorial Iqueima, 1960.

Buitrago Salazar, Evelio, *Zarpazo*, Bogotá, Imprenta de las Fuerzas Militares, 1968.

Caballero Calderón, Eduardo, *El Cristo de espaldas*, Buenos Aires, Editorial Losada, 1952.

—— *Siervo sin tierra*, Madrid, Ediciones del Alcázar, 1954.

—— *Manuel Pacho*, Medellín, Editorial Bedout, 1964.

—— *Caín*, Barcelona, Ediciones Destino, 1969.

Caicedo, Daniel, *Viento seco*, Bogotá, Cooperativa Nacional de Artes Gráficas, 1954.

Canal Ramírez, Gonzalo, *Nicodemus*, Bogotá, C. Ramírez, Imprenta y Rotograbado, 1968.

Cartagena, Donaro, *Una semana de miedo*, Bogotá, Editorial El Libertador, 1960.

[14] Ariel Dorfman, *Imaginación y violencia en América*, Santiago de Chile, Editorial Universitaria, 1970, p. 11.

Castaño, Alberto, *El Monstruo*, Bogotá, Editorial El Mundo, 1957.

Cepeda Samudio, Álvaro, *La casa grande*, Bogotá, Editorial Mito, 1962.

Cocherín, Iván, Barbacoa, Manizales, Editorial La Patria, 1973.

Echeverri Mejía, Arturo, *Marea de ratas*, Medellín, Creaciones Gráficas, 1960.

—— *El hombre de Talara* y *El bajo Cauca*, Medellín, Aguirre Editor, 1964.

Esguerra Flórez, Carlos, *Los cuervos tienen hambre*, Bogotá, Mattos Litografía Editorial, 1954.

—— *Tierra verde*, Bogotá, Editorial Iqueima, 1957.

—— *De cara a la vida*, Bogotá, Editorial Iqueima, 1966.

Ferreira, Ernesto León, *Cristianismo sin alma*, Bogotá, Editorial A. B. C., 1956.

García Márquez, Gabriel, *La hojarasca*, Bogotá, Ediciones S. L. B., 1955.

—— *El coronel no tiene quien le escriba*, Medellín, Aguirre Editor, 1961.

—— *La mala hora*, Madrid, Talleres Gráficos Luis Pérez, 1962.

—— *Cien años de soledad*, Buenos Aires, Editorial Sudamericana, 1967.

García, J. J., *Diálogos en La reina del mar*, Bogotá, Tercer Mundo, 1965.

Gómez Corena, Pedro, *El 9 de abril*, Bogotá, Editorial Iqueima, 1951.

Gómez Dávila, Ignacio, *Viernes 9*, México, Impresiones Modernas, 1953.

Gómez Valderrama, Francisco, *Cadenas de violencia*, Calio, Editorial Pacífico, 1958.

González Ochoa, Gustavo, *Frente a la violencia*, Medellín, Editorial Bedout, 1960.

González Patiño, Francisco, *Bienaventurados los rebeldes*, Bogotá, Bibliografía colombiana, 1958.

Herrera, Ernesto León, *Lo que el cielo no perdona*, Bogotá, Editorial Agra, 1954.

Hilarión, Alfonso, *Balas de la ley*, Bogotá, Editorial Santafé, 1953.

Ibáñez, Jaime, *Un hueco en el aire*, Bogotá, Editorial Sudamérica, 1968.

Jaramillo, Euclides, *Un campesino sin regreso*, Medellín, Editorial Bedout, 1959.

Jerz, Hipólito, *Monjas y bandoleros*, Bogotá, Editorial Paz, 1955.

Juncal, Soraya, *Jacinta y la violencia*, Medellín, Editorial Álvarez, 1967.

Laguado, Arturo, *Danza para ratas*, Bogotá, Antares, 1954.

Lara Santos, Alberto, *Los olvidados*, Bogotá, Editorial Santafé, 1949.

Manrique, Ramón, *Los días del terror*, Bogotá, Editorial A. B. C., 1955.

Mejía Vallejo, Manuel, *El día señalado*, Barcelona, Ediciones Destino, 1964.

Muñoz Jiménez, Fernán, *Horizontes cerrados*, Manizales, Tipografía Arbeláez, 1954.

Nohra, Flor Romero De, *Mi capitán Fabián Sicachá*, Barcelona, Editorial Planeta, 1968.

Ojeda Z., Arístides, *El exilado*, Bogotá, Editorial Agra, 1954.

Ortiz Márquez, Julio, *Tierra sin Dios*, México, Edimex, 1954.

Osorio Lizarazo, José A., *El día del odio*, Buenos Aires, Ediciones López Megri, 1952.

Panezo, Miguel, *El molino de Dios*. Tuluá, Colombia, 1953.

Pareja, Carlos H., *El monstruo*, Buenos Aires, Editorial Iqueima, 1954.

Pérez Medina, Luis, *Ellos estaban solos frente al monte*, Medellín, Editorial Antorcha, 1969.

Ponce de León, Fernando, *Tierra asolada*, Bogotá, Editorial Iqueima, 1954.

—— *Cara o sello*, Bogotá, Tercer Mundo, 1966.

—— *La castaña*, Bogotá, Editorial Espiral, 1964.

Posada, Enrique, *La bestia de agosto*, Bogotá, Editorial Espiral, 1964.

Rojas Herazo, Héctor, *Respirando el verano*, Bogotá, Editorial Tercer Mundo, 1962.

Sanín Echeverry, Jaime, *Quién dijo miedo*, Medellín, Aguirre Editor, 1960.

Santa, Eduardo, *Sin tierra para morir*, Bogotá, Editorial Iqueima, 1961.

Soto Aparicio, Fernando, *Solamente la vida*, Bogotá, Editorial Iqueima, 1961.

—— *La rebelión de las ratas*, Buenos Aires-Barcelona, Plaza y Janés, 1962.

—— *Después empezará la madrugada*, Barcelona, Ediciones Marte, 1970.

Stevenson, José, *Los años de la asfixia*, Buenos Aires, Editorial Losada, 1969.

Valencia Tovar, Álvaro, *Uisheda*, Bogotá, Canal Ramírez, 1969.

Vásquez Santos, Jorge, *Guerrilleros buenos días*, Bogotá, Editorial Agra, 1954.

Velásquez M., Rogerio, *Las memorias del odio*, Bogotá Editorial Iqueima, 1953.

Velásquez Valencia, Galo, *Pogrom*, Bogotá, Editorial Iqueima, 1954.

Vélez, Federico, *A la orilla de la sangre*, Madrid, Editorial Coculsa, 1955.

Zalamea Borda, Jorge, *El Gran Burundúm Burundá ha muerto*, Buenos Aires, Imprenta López, 1952.

Zapata Olivella, Manuel, *Detrás del rostro*, Madrid, Editorial Aguilar, 1963.

—— *La calle 10*, Bogotá, Editorial Ediciones Casa de la Cultura, 1960.[15]

---

[15] Lucila Inés Mena, *op. cit.*, pp. 100-101.

GABRIEL GARCÍA MÁRQUEZ

Gabriel García Márquez (Aracataca, Colombia, 1928). Su producción literaria está representada por las siguientes obras: *La hojarasca* (1955); *El coronel no tiene quien le escriba* (1961); *Los funerales de la Mamá Grande* (1962); *La mala hora* (1961); *Los diez mandamientos* (1966); *Cien años de soledad* (1967); *Isabel viendo llover en Macondo* (1955); *El negro que hizo esperar a los ángeles* (1972); *La increíble y triste historia de la cándida Eréndira y de su abuela desalmada* (1972); *Cuando era feliz e indocumentado* (1974); *Ojos de perro azul* (1974); *Todos los cuentos* (1947-1972) (1975); *El otoño del patriarca* (1975); y *Crónica de una muerte anunciada* (1981).

GABRIEL GARCÍA MÁRQUEZ nació en Aracataca, pequeña población que se halla en la costa norte de Colombia. Periodista profesional, ha colaborado con diferentes diarios nacionales y extranjeros. Fue corresponsal de Prensa Latina en Cuba y en Nueva York. En 1971 obtiene el Premio Rómulo Gallegos en Venezuela y en 1971 el Premio Internacional Neustadt para libros extranjeros. En 1971 la Universidad de Columbia, Nueva York, le otorga el doctorado "Honoris Causa" en Letras. En 1981 el gobierno francés le otorga "La Legión de Honor" en el grado de Comendador.

La hojarasca, publicada en 1955 señala un nuevo tipo de novela en cuanto técnica, completamente distinta como se venía escribiendo en Colombia. Aparece por primera vez su famoso *Macondo,* caluroso, monótono, lleno de costumbres feudales mostrándonos un ambiente realista casi palpable de los pueblos del litoral norte colombiano. En *La hojarasca,* García Márquez se siente preocupado por el tiempo, obsesión que ya se había reflejado en Proust, Virginia Woolf y Joyce. Además el autor ha aplicado con exactitud los conocimientos adquiridos en el estudio del hombre, en las descripciones de las sociedades y en general, en el proceso del convivir, como esperanza de vida y muerte. En esta novela García Márquez se ubica en la línea de Macondo. Macondo será lugar geográfico imaginario universal sobre cuyo destino caerán terribles profecías, una de las principales será la muerte. A esta primera novela le sigue *El coronel no tiene quien le escriba,* relato no situado en el pueblo imaginario de Macondo donde el realismo social de la primera novela en ésta se hace más patético que llega a la frontera de lo dramático. La soledad se concentra en un solo protagonista, el viejo coronel, que espera cada mañana la carta de la pensión que jamás llegará. *La mala hora* continúa el mundo novelesco de *El coronel no tiene quien le escriba*. El protagonista principal de *La mala hora* es, en efecto, toda la población, mostrándonos así cómo García Márquez desea representar toda una realidad al colocar a la colectividad como protagonista. Es una manifestación del alma colectiva, ya que "es todo el pueblo y no es nadie". *La mala hora* es la antepenúltima novela antes de *Cien años de soledad* aparecida en 1962, y ganadora del Premio Esso (1961) en Colombia.

Para Ernesto Volkening, García Márquez no sólo continúa la tradición novelística del paisaje americano, en la que el ser humano aparece apocado y a lo sumo rebelde derrotado por las cosas, "sino que recurriendo a nuevos medios de expresión, incluso le lleva al apogeo en su miedo de evocar la presencia física y feroz agresividad del calor; por más alucinantes y corpóreamente tangibles que se nos hagan las influencias climáticas en el relato, asistimos, al mismo tiempo, a un proceso de desencadenamiento consciente del trópico. Ya no es la selva sumida en su misterio claroscuro, es una miseria de nombre Macondo, la que constituye el marco de sus cuentos y, con su alcaldía, su iglesia parroquial, el altoparlante instalado en la torre del templo, un salón de billares, una pista de baile y una aglomeración de tejados de zinc no se distinguen en absoluto de otros Macondos igualmente abandonados, fastidiosos y deprimentes de la zona tórrida. Para García Márquez, la individualidad es lo que por ella se entiende, partiendo de la acepción del término el hombre tal cual, quizá modesta, pero no por eso menos invulnerable, y el hombre que en medio del ajetreo de la vida cotidiana, de las multitudes aglomeradas en la plaza de mercado, de familia e insípida palabrería de comadres y compadres de golpe descubre que está solo, con su destino, su infortunio y su muerte".[1]

En la temática novelable de García Márquez se da una constante irrefutable: *a*) La permanente presencia de la compañía bananera, que refleja el poder de la United Fruit; *b*) Las guerras civiles, muy frecuentes en la América Latina; *c*) La violencia, auspiciada casi siem-

---

[1] Ricardo Cano Gaviria, en *Magazine dominical de El Espectador*, Bogotá, 1966.

pre por los gobiernos de turno; *d*) La presencia, en toda su narrativa, del poder militar y sus consecuencias, y *e*) La presencia de *Macondo,* casi en todas sus obras, ese pueblo imaginario con su pro y su contra, lleno de misterio, ardiente, desolado, de costumbres medievales y en donde las más de las veces sus moradores terminan en la violencia. *La mala hora* y *El coronel no tiene quien le escriba* y algunos cuentos *de Los funerales de la Mamá Grande,* no se hallan dentro del marco del ya universal pueblo de Macondo. Este pueblo omitido en las obras en mención, es un mundo ligado estrechamente a la narrativa de García Márquez. Veamos algunas de sus declaraciones al respecto:

"[. . .] cuando publiqué *La hojarasca* pensaba que debía seguir por ese camino, pero empezó a deteriorarse gravemente la situación política y social en Colombia, vino lo que se conoce por 'la violencia colombiana' y entonces, no sé, en ese momento tomé conciencia política y me sentí solidario en este drama del país. Entonces empecé a contar un tipo de historia que era totalmente distinto del que me interesaba antes, dramas relacionados directamente con el problema social y político de Colombia en esos momentos. [. . .]

"Al decirte que me encontré con estos temas un poco ajenos a mí, ya te estoy confesando cosas que realmente son muy profundas para mí. [. . .] Fíjate que *El coronel no tiene quien le escriba* ni la mayoría de los cuentos de *La Mamá Grande* ocurren en Macondo." [2]

"LA HOJARASCA": PRIMER MACONDO

La hojarasca (1955) es la primera novela de García Márquez donde aparece el primer Macondo y por supuesto la primera narrativa con matices de violencia. Aquí presenciamos desde la fundación hasta la destrucción de Macondo. "Me habló del viaje de mis padres durante la guerra, de la áspera peregrinación que habría de concluir con el establecimiento en Macondo. Mis padres huían de los azares de la guerra y buscaban un recodo próspero y tranquilo donde sentar sus reales y oyeron hablar del becerro de oro y vinieron a buscarlo en lo que entonces era un pueblo en formación, fundado por varias familias refugiadas, cuyos miembros se esmeraban tanto en la conservación de

[2] Vargas Llosa, *G. G. Márquez, op. cit.,* pp. 47, 48 y 49.

sus tradiciones y en las prácticas religiosas como en el engorde de sus cerdos. Macondo fue para mis padres la tierra prometida, la paz y el Vellocino."[3]

No sólo asistimos en *La hojarasca* a la fundación de Macondo y a sus costumbres medievales, sino que presenciamos también diferentes episodios de violencia, de venganza y de miseria. Los personajes de Macondo son vengativos y llenos de rencores. Los moradores macondinos no conocen otra ley que la violencia.

"Para entonces, la compañía bananera había acabado de exprimirnos, y se había ido de Macondo con los desperdicios de los desperdicios que había traído. Y con ellos se había ido la hojarasca, los últimos rastros de que fue el próspero Macondo de 1915. Aquí quedaba la gente cesante y rencorosa, pasado y próspero y la amargura de un presente agobiado y estático. Nada había en el porvenir salvo un tenebroso y amenazante domingo electoral."

Así vemos que Macondo es el símbolo de la ruina, de la tradición medieval y del fanatismo de los politicastros de turno que se dan en el pueblo, imagen del cuadro de la realidad social del país. Veamos un cuadro representativo de la violencia:

"Ahora me doy cuenta de que el alcalde comparte los rencores del pueblo. Es un sentimiento alimentado durante diez años, desde aquella noche borrascosa en que trajeron los heridos a la puerta y le gritaron (porque no abrió; habló desde adentro); le gritaron: 'Doctor, atienda a estos heridos que ya los otros médicos no dan abasto', y todavía sin abrir (porque la puerta permaneció cerrada y los heridos acostados frente a ella); 'Usted es el único médico que nos queda. Tiene que hacer una obra de caridad' " (p. 25).

Así en Macondo se dan diferentes situaciones; pero la violencia es una característica de una estructura social mantenida y auspiciada por directorios políticos y feudalistas a fin de sacar provecho de ella. Dos párrafos sirven de ejemplo para mostrarnos esa realidad palpitante de Macondo:

Cuando habló su voz fue la misma parsimoniosa voz de rumiante que trajo a nuestra casa. Dijo que no tenía nada que decir. Sino, como si creyera que lo ignorábamos, que la policía había violado las puertas

[3] Gabriel García Márquez, *La hojarasca,* Editorial Sudamericana, Buenos Aires, 1969, pp. 38-39.

y había picado el patio sin consentimiento. Pero aquello no era su protesta. Era apenas una quejumbrosa y melancólica confidencia (p. 112).

Este hombre fue el único que no asistió a ese entierro. Precisamente el único que le debía la vida a esa inquebrantable y contradictoria subordinación del pueblo al sacerdote. Porque la noche en que pusieron las cuatro damajuanas de aguardiente en la plaza, y Macondo fue un pueblo atropellado por un grupo de bárbaros armados; un pueblo empavorecido que enterraba a sus muertos en la fosa común, alguien debió de recordar que en esta esquina había un médico. Entonces fue cuando pusieron las parihuelas contra la puerta, y le gritaron (porque no abrió; habló desde adentro); le gritaron: "Doctor, atienda a estos heridos que ya los otros médicos no dan abasto" (p. 123).

El antagonismo que subsiste entre el médico y el pueblo es una de las fuerzas motrices de la historia: la negación de ayuda profesional por parte del médico desencadena una multitud de tensiones que culminan en su suicidio. La escena que desarrolla este conflicto es establecida por las actividades de la compañía bananera, que construyó el ferrocarril y la planta eléctrica, el salón de cine y numerosos lugares de diversión. La compañía en sí permanece anónima en el trasfondo de la narrativa: no sabemos quiénes son sus directores, ni de dónde vienen ni por qué se marchan. Los escasos detalles concretos de sus negocios en Macondo sirven para demostrar cómo la explotación económica es respaldada por el desarrollo de actividades de esparcimiento. El impulso económico y demográfico es de corta duración, y sólo el ferrocarril y la planta eléctrica quedan funcionando en Macondo.[4]

La primera reacción del médico es la de comprar una hamaca y encerrarse (p. 69). Poco después, su vida cambia de manera dramática: empezó a bañarse todos los días, se perfuma como un adolescente y va frecuentemente a la peluquería. Este cambio es susceptible de una doble interpretación; de un lado, puede ser que el autor está subrayando la capacidad de lucha del médico, quien prefiere adaptarse a la hojarasca al ser eliminado por ella (volveremos a este punto más tarde); de otro lado, tal comportamiento puede ser el índice de un derrumbamiento interior, en comparación con su vida anterior: así piensa el coronel (p. 95). Es interesante notar al respecto cómo García Márquez utiliza una sintaxis ambigua para sugerir que la suerte del médico se

[4] Brian J. Mallett, "Política y fatalidad en 'La hojarasca' de García Márquez", en: Revista Iberoamericana, núms. 96-97, 1967, p. 535.

identifica con la del pueblo, ambos son víctimas de la hojarasca: en su
última conversación en el corredor con el médico el coronel recuerda
la historia de Macondo: "Me acordé de Macondo, de la locura de su
gente que quemaba billetes en las fiestas." [5]

La hojarasca es la primera novela de Gabriel García Márquez, y en
ella ya se plantea una seria crítica social al igual que una honda preocupación sobre la violencia. "En menos de un año (la hojarasca)
arrojó sobre el pueblo los escombros de numerosas catástrofes anteriores a ella misma, esparció en las calles su confusa carga de desperdicios. Y esos desperdicios precipitadamente, al compás atolondrado e
imprevisible de la tormenta, se iban seleccionando, individualizándose,
hasta convertir lo que fue un callejón con un río en un extremo y un
corral para los muertos en el otro, en un pueblo diferente y compli-
cado, hecho con los desperdicios de los otros pueblos." (*La hojarasca*,
p. 9.)

La llegada del cura y del médico en forma simultánea, adquiere
desde el punto de vista histórico una fina observación por parte del
autor, de los hechos de la conquista española bajo el signo paralelo
del advenimiento de la Cruz y de la violencia.

Examinemos las situaciones y elementos que dan pie para esta interpretación. El mismo día se produce la llegada de *El cachorro* y del médico, figuras que mantienen un paralelismo casi total durante todo el
libro y cuya identificación profunda se sugiere con insistencia. Ambos
llegan al pueblo (como Cristo a Jerusalén), a lomo de mula, ambos
permanecen en cierto modo como eternos forasteros, no aceptados por
el pueblo, pese a su conducta dispar. (También es dispar la conducta
de los generales míticos, de los cuales uno mira hacia la Tierra, y otro
hacia al Cielo.) La prédica del cura no se basa en los Evangelios sino
en las predicciones atmosféricas del almanaque Bristol (p. 97) y con
ello parece apuntar García Márquez al plano de las profecías considera-
das heterodoxas por la Iglesia. Los planos de alusión a lo crístico y a la
realidad vivencial se entrecruzan en este como en los demás personajes.
Será *El cachorro*, además, quien defenderá en su momento al doctor de
las iras del pueblo, es decir, quien se erige en guardián del Hombre
Interior.

Es el silencio de Dios, su aparente no intervención en el mundo (el

[5] *Op. cit.*, p. 536.

médico no atiende a la guajira, ni abre su puerta para atender a los heridos que el gobierno manda agredir) lo que está implícito innegablemente a lo largo del libro, pero además la espera silenciosa del Cristo vivo en cada hombre.[6]

Refiriéndose a la tragedia en *La hojarasca* bajo la visión histórico-social de Colombia, Pedro Lastra considera que "*La hojarasca* es para nosotros, desde su título, una requisitoria social y moral. La palabra apunta al residuo del odio, la incomunicación y el resentimiento que ha dejado en el mítico pueblo de Macondo el paso de la compañía bananera establecida allí por muchos años, y que ahora lo ha abandonado. Para iluminar esa realidad caótica —acaso para exorcizarla—, Gabriel García Márquez recurrió a las viejas fuentes literarias y, como es necesario hacerlo, las asumió en plenitud. La lección mejor del pasado sustenta, de este modo, la visión de su mundo concreto y real." [7]

Partiendo de la misma fuente literaria B. J. Mallett considera que "a través de la yuxtaposición equívoca de la mitología griega con ciertos acontecimientos de la época bananera de Colombia, el autor nos muestra que el subdesarrollo del continente no es susceptible de un análisis racionalista, ni asequible al tono de una condenación antiimperialista. La novela comprometida ha fracasado porque '[...] los lectores latinoamericanos no necesitan que se les siga contando su propio drama de opresión e injusticia[...] la realidad no termina en el precio de los tomates'. Es así como la política en *La hojarasca* se ha convertido en un fenómeno autosuficiente, dotada de un dinamismo interior. En última instancia, ella también es un elemento mágico-realista, al igual que la violencia, el machismo y otros mitos continentales".[8]

El coronel no tiene quien le escriba (1961), es la historia de un coronel superviviente de la guerra civil, en la cual participó junto con el coronel Aureliano Buendía. El coronel protagonista de la novela, espera desde hace quince años una pensión que no llega, viviendo durante todo este tiempo en la miseria y cuidando un gallo, aspirando a

[6] Graciela Maturo, "El sentido religioso de 'La hojarasca'", *Eco,* Bogotá, Colombia, núms. 141-142, pp. 224-225 y 231.
[7] Pedro Lastra, *La tragedia como fundamento estructural de "La hojarasca"*, Homenaje a G. García Márquez, Helmy F. Giacoman, L. A. Publishing Company, Inc. Nueva York, 1972, p. 56.
[8] B. J. Mallett, *op. cit.*, pp. 543-544.

que el día de la victoria del animal haya un alivio a su situación económica.

"—Nada —preguntó.

"—Nada —respondió el coronel.

"El viernes siguiente volvió a las lanchas. Y como todos los viernes regresó a su casa sin la carta esperada. 'Ya hemos cumplido con esperar', le dijo esa noche su mujer. 'Se necesita tener una paciencia de buey que tú tienes para esperar una carta durante quince años'. El coronel se metió en la hamaca a leer los periódicos." [9]

La parte principal de la narración novelada se centra en la descripción de la violencia y de la corrupción en donde vive el coronel y su familia. Veamos algunas referencias:

"Antes de ponerse los botines de charol raspó el barro incrustado en la costura. Su esposa lo vio en ese instante, vestido como el día de su matrimonio. Sólo entonces advirtió cuánto había envejecido su esposo.

—"Estás como para un acontecimiento —dijo.

—"Este entierro es un acontecimiento —dijo el coronel—. Es el primer muerto de muerte natural que tenemos en muchos años." [10] Al pasar el cortejo fúnebre frente al cuartel de la policía, obligan desviarlo, y entonces el pueblo comenta:

—"¿Entonces? —preguntó don Sabás.

—"Entonces nada —respondió el coronel—. Que el entierro no puede pasar frente al cuartel de la policía. Se me había olvidado que estamos en estado de sitio." [11]

Un país que vive en estado de sitio permanente, es un país que vive en estado de violencia también permanente. Así la novela muestra que la violencia se ha convertido en algo consuetudinario y el estado de sitio se transforma en un hecho institucional, sin que esta forma de vivir altere el estado anímico de sus personajes. La violencia y la opresión política se han integrado a la vida como una condición natural, sin que opere ninguna transformación en los hombres. Creo que no haya un novelista en Hispanoamérica como García Márquez con una percepción tan fina y tan aguda que haya reflejado este gravísimo pro-

[9] Gabriel García Márquez, *El coronel no tiene quien le escriba*, Editorial Plaza & Janés, S. A. Editores, Barcelona, 1974, p. 42.

[10] *Op. cit.*, p. 11.

[11] *Op. cit.*, pp. 16-17.

blema, problema que se liga íntimamente a la estructura político-social del país y que a su vez influye en el comportamiento de sus habitantes. Así, la obra de García Márquez revela por medio de sus personajes la realidad que se daba en Colombia en los veinte años de violencia que azotó todo el territorio.

En la vida latinoamericana, algunos profesionales de mediana ilustración, transmiten las informaciones y sostienen una resistencia decorosa al *statu quo* nacional:

"La mujer fue al cuarto a prepararse para el examen. El médico permaneció en la sala con el coronel. A pesar del calor, su traje de lino intachable exhalaba un hálito de frescura. Cuando la mujer anunció que estaba preparada, el médico entregó al coronel tres pliegos dentro de un sobre. Entró al cuarto, diciendo: 'Es lo que no decían los periódicos de ayer'.

"El coronel lo suponía. Era una síntesis de los últimos acontecimientos nacionales impresa en mimeógrafo para la circulación clandestina. Revelaciones sobre el estado de la resistencia armada en el interior del país. Se sintió demolido. Diez años de informaciones clandestinas no le habían enseñado que ninguna noticia era más sorprendente que la del mes entrante. Había terminado de leer cuando el médico volvió a la sala." [12]

Este clima de resistencia podría revelarse en *El coronel no tiene quien le escriba* en forma simbólica con el gallo de pelea, única cosa que le ha quedado de su hijo quien murió en la violencia, y que el coronel prepara a diario para una futura riña.

"El coronel le quitó el gallo. 'Buenas tardes', murmuró. Y no dijo nada más porque lo estremeció la caliente y profunda palpitación del animal. Pensó que nunca había tenido una cosa tan viva entre las manos." Ángel Rama fino observador de la narrativa de G. García Márquez analizando este párrafo considera que: "Esa cosa tan viva, tan decidida, tan fuerte, es algo más que un gallo de pelea: es la soterrada decisión resistente de todo el pueblo, y cuando el propio coronel, que hace tiempo ya no tiene que comer, encara la posibilidad de venderlo, son los compañeros de su hijo los que se aferran al animal: 'Dijeron que el gallo no era nuestro sino de todo el pueblo'. No se trata de un mero elemento simbólico manejado por el autor, aunque

[12] *Op. cit.,* pp. 29-30.

no se pueda evitar la asociación entre el gallito de pelea y el pueblo joven decidido a luchar. García Márquez sitúa su relato en el nivel verosímil y auténtico de las experiencias concretas, y es la adhesión espontánea al gallo la que nos trasfunde la vivacidad profunda que sigue alentando en sus personajes, a pesar de la decrepitud, de la pobreza, del inmovilismo de sus situaciones." [13]

Una referencia directa a esa violencia que hemos tratado de analizar la hallamos en el siguiente párrafo:

"De pronto se interrumpieron las trompetas del mambo. Los jugadores se dispersaron con las manos en alto. El coronel sintió a sus espaldas el crujido seco, articulado y frío de un fusil al ser montado. Comprendió que había caído fatalmente en una batida de la policía con la hoja clandestina en el bolsillo. Dio media vuelta sin levantar las manos y entonces vio de cerca, por la primera vez en su vida, al hombre que disparó contra su hijo; estaba exactamente frente a él con el cañón del fusil apuntando contra su vientre. Era pequeño, aindiado, de piel curtida, y exhalaba un tufo infantil. El coronel apretó los dientes y apartó suavemente con la punta de los dedos el cañón del fusil." [14]

El coronel no tiene quien le escriba es una novela donde se da en forma alternada el humorismo con la tragedia. La extrema pobreza en que se halla el coronel y su esposa se revela en algunos pasajes: "El coronel experimentó la sensación de que nacieran hongos y lirios venenosos en sus tripas. Era octubre..., octubre era una de las pocas cosas que llegaban."

La vida infrahumana del coronel y su esposa recorre todo el libro. Refiriéndose a la esposa del coronel dice el autor: "Era una mujer construida apenas en cartílagos blancos sobre una espina dorsal arqueada e inflexible." Así García Márquez nos intuye desde el principio de la novela cómo se desarrolla la violencia. La descripción es lenta, con un diálogo lacónico y un recurso narrativo donde con poco se dice mucho. Todo se insinúa a través de la descripción del medio que rodea a los personajes.

El coronel confronta su propia muerte con el entierro del joven, única muerte natural en el pueblo. "El coronel descendió hacia la pla-

[13] *Asedios a García Márquez*, Editorial Universitaria, S. A., Santiago de Chile, 1969, pp. 118-119.
[14] *El coronel no tiene quien le escriba, op. cit.*, pp. 100-101.

za por un callejón de casas apelotonadas. Al desembocar a la calle central sufrió un estremecimiento. Hasta donde alcanzaba su vista el pueblo estaba tapizado de flores. Sentados a la puerta de las casas las mujeres de negro esperaban el entierro."

La violencia se capta a través de imágenes a través de la novela. Veamos cómo lo sensorial representado por el olfato es muy común en la narración:

"Lo primero que percibió fue el olor de muchas flores diferentes. Después empezó el calor. Alguien le puso una mano en la espalda, lo empujó hacia los rostros perplejos hasta el lugar donde se encontraban —profundas y dilatadas— las fosas nasales del muerto."

A través de toda la novela, Gabriel García Márquez hace una crítica de la sociedad pueblerina, microcosmo que representa al mismo tiempo todo el macrocosmo latinoamericano. Este realismo social se presenta en diferentes fases en las obras de García Márquez. En *El coronel no tiene quien le escriba,* el autor trae un símbolo muy repetido en la novela: el gallo de pelea. Así el coronel confronta la realidad del entierro, con la realidad social del pueblo, de lo cual el coronel tan sólo puede aceptar el triste destino que engendra la violencia. Veamos un párrafo:

—No te ha ocurrido que el gallo puede perder.
—Es un gallo que no puede perder.
—Pero suponte que pierda.
—Todavía faltan cuarenta y cinco días para empezar. —La mujer se desesperó.
—Y mientras tanto qué comemos —preguntó y agarró al coronel por el cuello de la franela. Lo sacudió con energía.
—Dime qué comemos.
El coronel necesitó setenta y cinco años —los setenta y cinco años de su vida, minuto por minuto, para llegar a ese instante. Se sintió puro, explícito, invencible, en el momento de responder:
—Mierda.

"La última palabra es clave para el entendimiento de la novela. Estamos seguros que ya no será el coronel optimista, totalmente convencido que la carta le llegará inesperadamente un viernes. Es un cambio que nos permite contemplar el cambio del personaje desde un estado inerte, desinteresado, sin empeño alguno por la vida y la sociedad, hasta un estado de violencia surgido de esta toma de conciencia frente a la realidad de la vida.

"Notemos, además, con qué fuerza, con qué vitalismo, con qué nueva y vigorosa energía se despierta el coronel de este largo sueño. Es este momento cuando empieza a vivir, y comienza a instalarse recio e inmutable frente a lo absurdo, frente a la nada. La aceptación de la muerte como fin inevitable de su existencia.

"La palabra final de *El coronel no tiene quien le escriba* anticipa el tema de *La mala hora*: la violencia que surge después de enfrentarse el coronel con la realidad. Toda su vida no fue sino un intento desesperado de no enfrentar la realidad refugiándose ya en su orgullo de militar, ya en su pensión de veterano, ya en su gallo de pelea, pero todo en vano. Tarde o temprano tenía que encararse con ella. Por lo menos ahora no tiene que esconder que la vida es una 'mierda'." [15]

Refiriéndose a la violencia en *El coronel no tiene quien le escriba*, George R. McMurray escribe lo siguiente:

El sutil tratamiento de la violencia en García Márquez, constituye un pensamiento secundario, un tema adicional, que corresponde a la opresión política y a la tensión que ella genera. Debería señalarse que en 1956 Colombia fue gobernada por el presidente Gustavo Rojas Pinilla, en realidad un brutal dictador quien había derrocado a su predecesor conservador, Laureano Gómez, en 1953. Aunque Rojas Pinilla que teóricamente fue un liberal durante la violencia, perdió políticamente mucho dentro de su corriente ideológica. Así, mientras el grupo de resistencia, en *El coronel no tiene quien le escriba*, está obviamente en una lucha por obtener una forma de gobierno más justa y liberal, no se encuentran referencias directas a un partido político particular.

García Márquez a propósito evita la directa descripción de brutalidad en mucha de la ficción de actos de guerra y de problemas civiles. En cambio él sigue una técnica indirecta artística para activar la imaginación de sus lectores, y de esta manera acentúa el impacto del drama político. Así, el asesinato de Agustín, es solamente una forma indirecta en conexión con el deseo del coronel para mantener el gallo de pelea que le han dejado a él; la propaganda ilícita es distribuida secretamente dentro de los miembros de resistencia, incluyendo al coronel, mientras ellos continúan su trabajo diario. Uno de los caracteres novelescos

[15] Vincenzo Bollettino, *Breve estudio de la novelística de García Márquez*, Editorial Playor, Madrid, 1973, p. 61.

se refiere a la muerte del músico en la novela que aparece como el primer muerto de causa natural que han tenido en muchos años. La exclamación de Sabás, "Casi me olvido que nosotros estamos bajo la Ley marcial", es provocada cuando el alcalde tirano recuerda a los que están llorando que a ningún grupo de personas ni a ningún cortejo fúnebre le será permitido pasar frente al cuartel de la policía. El coronel pone el despertador para las once en punto hora de la ley marcial. La censura de la prensa y de las elecciones es casi imposible en un futuro próximo, son los temas del día, cuando el doctor mira las noticias que recibe en el correo. La visita del coronel al billar en busca de Álvaro resultó peligrosa cuando la policía efectuó una ronda y casi fue tomado prisionero con mensajes para los guerrilleros en su bolsillo. La posición del padre Ángel como censor de las películas, aunque no se relacione con política, es otro ejemplo de los actos de opresión impuestos sobre los ciudadanos.[16]

Sobre *El coronel no tiene quien le escriba* y *La mala hora* Klaus Meyer-Minnemann considera que

su carácter representativo de manifestación de la violencia estructural americana, carácter actualizable por cualquier lector latinoamericano consciente del fenómeno, se deducen con suficiente claridad de las intenciones del "autor", voz de la novela. En las dos novelas de García Márquez, la "Violencia" se presenta como represión organizada por el poder ejecutivo, que no vacila en emplear todos los recursos del terror para "someter al pueblo a cualquier precio". *La mala hora* termina con el nuevo estallido de la "Violencia" después de un momento de calma precaria. El regreso de la represión significa en la intención del "autor", voz de la novela, el retorno a la normalidad de la "violencia" (con minúscula), que había empezado muchos años antes de los acontecimientos narrados. El cambio de gobierno, al cual se alude en la novela y que se refiere al golpe de Rojas Pinilla en 1953, significa una leve interrupción dentro de la normalidad violenta. Al regreso de la represión contestan los hombres del pueblo con la organización de la guerra en el monte. En *El coronel no tiene quien le escriba*, la represión se muestra otra vez desde sus aspectos cotidianos. Sabemos que el único hijo del coronel fue asesinado en la gallera del pueblo en enero de (1956), cuando distribuía hojas clandestinas. La vida diaria está representada por la censura, el estado de

[16] Frederick Ungar, *Gabriel García Márquez*, Publishing Co., Nueva York, 1977, páginas 23-24, 25.

sitio y el toque de queda. No hay esperanza de elecciones, la que dentro
del marco referencial de la novela, constituye otra alusión a la dictadura
militar y folklórica del general Gustavo Rojas Pinilla. En esta situación,
el gallo del hijo asesinado por la policía, cuyo cuidado lleva al coronel
y su esposa al borde de la muerte por hambre, se vuelve símbolo de
las ansias colectivas de libertad de todo el pueblo.

Con todo, García Márquez no limita la representación de la "Violencia" a la interpretación del fenómeno como represión organizada por el
poder ejecutivo. Le proporciona también un trasfondo socioeconómico.
Los beneficiados de la represión en *La mala hora* y en *El coronel no
tiene quien le escriba* son algunos pocos habitantes del pueblo que al
comenzar la represión se pusieron del lado del alcalde. Su toma de partido les permitió hacerse dueños de tierras de sus enemigos políticos.
Entre los beneficiados hay también, con don Sabás, un renegado liberal.
Los que sufren la represión, como el dentista, el doctor Giraldo; el
peluquero, el señor Carmichael; el coronel y los muchachos de la sas-
trería, pertenecen a la clase media. Sociológicamente representan una
de las dos fracciones de la burguesía que, a través de los dos partidos
tradicionales, están en pugna. Los "pobres" forman un grupo aparte. Al
igual que la fracción liberal, sufren bajo la represión. Pero no se les
puede considerar realmente adictos del partido liberal perseguido. Sociológicamente no pertenecen a la burguesía. Todavía no han encontrado
expresión política y tampoco la van a encontrar en el transcurso narrativo de las novelas. El padre Ángel, que es un personaje tan importante
como el alcalde, se pone del lado de la represión, pero a diferencia del
alcalde es sólo un cómplice inconsciente del poder ejecutivo.[17]

"LA MALA HORA"

La mala hora (1961) es la tercera novela publicada por Gabriel García
Márquez. Esta novela ganó el premio literario *Esso* en Colombia en
1961, y se publicó por vez primera en Madrid, España. Los acontecimientos narrados corresponden a la época de *La violencia en Colombia*. Se presentan en forma lineal durante un periodo que va de un
martes, 4 de octubre, a un viernes, 21 de octubre, sin mencionar qué
año. En estos quince días que dura la acción, el autor nos muestra la
vida de un pequeño pueblo tropical azotado por la violencia.

[17] Meyer-Minnemann, *op. cit.*, pp. 119-120.

El personaje central de la novela es colectivo, todo el pueblo está comprometido en los hechos. Aquí radica una diferencia sustancial con *El coronel no tiene quien le escriba,* novela en la cual García Márquez se centra en *El coronel* sin detenerse en las relaciones con el resto de los personajes del pueblo.

La estructura de la novela está concebida en dos planos: la externa que corresponde a la realidad inmediata y detallada en donde se mueven los personajes, y la interna, que refleja los conflictos psicológicos de los mismos. Dentro del plano externo el autor nos narra la vida monótona de un pueblo del trópico en un momento crítico de la historia. La estructura externa comprende tres historias: *a)* La aparición de los pasquines; *b)* un diluvio que azota al caserío; y *c)* las actividades del alcalde.

El primer cuadro de la violencia de *La mala hora* se inicia con el asesinato de Pastor por César Montero sin que hasta el momento el lector logre conocer la causa. Veamos la descripción:

—César Montero mató a Pastor. En la plaza, César Montero daba vueltas con la escopeta apuntada hacia la multitud. El alcalde lo reconoció con dificultad. Desenfundó el revólver con la mano izquierda y empezó a avanzar hacia el centro de la plaza. La gente le despejó el paso. Del salón de billar salió un agente de la Policía, con el fusil montado, apuntando a César Montero. El alcalde le dijo en voz baja: "No dispares, animal." Enfundó el revólver, le quitó el fusil al agente y siguió hacia el centro de la plaza con el arma lista para ser disparada. La multitud se agolpó contra las paredes.
—César Montero —gritó el alcalde—, dame esa escopeta.
César Montero no lo había visto hasta entonces. De un salto se volvió hacia él. El alcalde presionó el gatillo, pero no disparó.
—Venga a buscarla —gritó César Montero. El alcalde sostenía el fusil con la mano izquierda, y con la derecha se secaba los párpados. Calculaba cada paso, con el dedo tenso en el gatillo y los ojos fijos en César Montero. De pronto se detuvo y habló con una cadencia afectuosa:
—Tira al suelo la escopeta, César. No hagas más disparates.[18]

El asesinato de Pastor nos abre la perspectiva para captar la violencia y los pasquines. Los pasquines unen y comprometen a toda la co-

---

[18] Gabriel García Márquez, *La mala hora,* Plaza & Janés, S. A. Editores, Barcelona, pp. 12-13.

lectividad, asi la estructura interna y la externa se complementan. Los pasquines son los que proporcionan un cambio en la vida monótona del pueblo, al mismo tiempo sirven como denuncia de la corrupción de la sociedad. La primera narración de los pasquines se desarrolla bajo dos niveles: lo irreal y lo real. La irrealidad radica en los mismos pasquines ya que aparecen a diario sin conocerse el responsable. Nadie descubre el que los coloca. Tan sólo tenemos la respuesta de Casandra, adivina del circo, a la pregunta del alcalde: "Es todo el pueblo y no es nadie" (p. 138). El plano de la realidad se proyecta en forma detallada y deprimente, es la vida miserable del pueblo.

Los pasquines toman un significado simbólico: "Nunca, desde que el mundo es mundo, se ha sabido quién pone los pasquines, sentenció con una tensa agresividad." El lector se interesa en conocer ese mundo subjetivo de los pasquines y se hace protagonista de la novela. Así el lector vive la tragedia de los pasquines con los personajes, con sus horas prolongadas, sus días llenos de calor y de lluvia permanente. Los pasquines desencadenan la violencia en forma increíble. Veamos la historia:

El juez no le permitió incorporarse. "No siempre se encuentra uno en estos pueblos con un hombre de talento", dijo, y el secretario le dio las gracias, agotado por el calor, y cambió de posición en la silla. Era un viernes interminable. Bajo las ardientes láminas del techo, los dos hombres conversaron media hora más mientras el pueblo se cocinaba en el caldo de la siesta. En el extremo del agotamiento el secretario hizo entonces una alusión a los pasquines. El juez Arcadio se encogió de hombros.

—Tú también estás pendiente de esa pendejada —dijo, tuteándolo por primera vez.

El secretario no tenía deseos de seguir conversando, extenuado por el hambre y la sofocación, pero no creyó que los pasquines fueran una tontería. "Ya hubo el primer muerto", dijo. "Si las cosas siguen así tendremos una mala época." Y contó la historia de un pueblo que fue liquidado en siete días por los pasquines. Sus habitantes terminaron matándose entre sí. Los sobrevivientes desenterraron y se llevaron los huesos de sus muertos para estar seguros de no volver jamás.

En *La mala hora* se revela un doble plano de la realidad, la lucha que trata de mantener el padre Ángel en pro de la moral y la del alcalde, que según sus palabras quiere hacer del pueblo "una vaina decente". Ambas luchas a la postre son infructuosas, ya que ambas están viciadas: hipocresía y maldad.

Uno de los personajes mejor caracterizados es el padre Ángel en la novela. En torno a él se mueven los otros personajes. El padre Ángel vive en un mundo rígido, dogmático y ajeno al problema social y al amor y a la caridad de sus feligreses. Rehúsa dar sepultura cristiana a un ahorcado a quien los habitantes del pueblo se niegan hacerlo.

Una sirvienta descalza llevó arroz con frijoles, legumbres sancochadas y una fuente con albóndigas cubiertas de una salsa parda y espesa. El padre Ángel se sirvió en silencio. La pimienta picante, el profundo de la casa y la sensación de desconcierto que en aquel instante ocupaba su corazón, lo transportaron de nuevo a su escueto cuartito de principiante en el ardiente mediodía de Macondo. En un día como aquél, polvoriento y cálido, había rehusado dar cristiana sepultura a un ahorcado a quien los duros habitantes de Macondo se negaban a enterrar.[19]

La injusticia social, el abuso de los feudalistas especialmente con el sexo femenino no tiene ningún valor para el padre Ángel, y trata de obviar todo lo relacionado con el problema de los que son víctimas de la estructura social. Un diálogo en *La mala hora* nos revela la falta de caridad del clérigo:

Entonces ¿no te casas?
La mujer del juez Arcadio abrió las piernas. "Ni esperanzas, padre."
"Y menos ahora que voy a parirle un muchacho." El padre Ángel desvió la mirada hacia el río. Una vaca ahogada, descendía por el hilo de la corriente, con varios gallinazos encima.
—Pero será un hijo ilegítimo —dijo—. No le hace —dijo ella—. Ahora Arcadio me trata bien. Si le obligo a que se case, después se siente amarrado y la paga conmigo.
Se había quitado los zuecos, y hablaba con las rodillas separadas, los dedos de los pies acaballados en el travesaño del taburete. Tenía el abanico en el regazo y los brazos cruzados sobre el vientre voluminoso. "Ni esperanzas, padre", repitió, pues el padre Ángel permanecía silencioso. "Don Sabás me compró por 200 pesos, me sacó a la calle sin un alfiler. Si Arcadio no me recoge, me hubiera muerto de hambre." Miró al padre por primera vez:

[19] *Op. cit.*, p. 90.

—O hubiera tenido que meterme a puta.

El padre Ángel llevaba sus meses insistiendo.

—Debes obligarlo a casarse y a formar un hogar —dijo—. Así, como viven ahora, no sólo estás en una situación insegura sino que constituyen un mal ejemplo para el pueblo.

—Es mejor hacer las cosas francamente —dijo ella—. Otros hacen lo mismo, pero con las luces apagadas. ¿Usted no ha leído los pasquines?

—Son calumnias —dijo el padre—. Tienes que regularizar tu situación y ponerte a salvo de la maledicencia.

—¿Yo? —dijo—. No tengo que ponerme a salvo de nada porque hago todas mis cosas a luz del día. La prueba es que nadie se gasta su tiempo poniéndome un pasquín, y en cambio a todos los decentes de la plaza los tienen empapelados.

[...] Tampoco esta vez el padre Ángel se dio por vencido. Le recomendó que al menos asistiera a misa. Ella respondió que lo haría "un día de éstos", y el padre continuó su paseo en espera de que llegara la hora de encontrarse con el alcalde. Uno de los sirios le hizo observar el buen tiempo, pero él no le puso atención. Se interesó en los pormenores del circo que descargaba sus fieras ansiosas en la tarde brillante. Allí estuvo hasta las cuatro.[20]

La antítesis del padre Ángel es, sin duda alguna la del alcalde. Empero ambos tratan de darle importancia al peligro de los pasquines, con una diferencia tan sólo de modo sutil. El uno los ignora a fin de mantener la "buena moral del pueblo" y el otro a fin de mantener la calma y evitar una rebelión colectiva.

La historia que crea el ambiente para introducir la personalidad del alcalde comienza con una solicitud del padre Ángel. El clérigo pide al alcalde ejercer su autoridad para encontrar a los culpables de los pasquines, pues, según la opinión del padre, los pasquines constituyen un caso de "terrorismo en el orden moral". Así la autoridad eclesiástica y la civil se unen, fenómeno que se da en Macondo desde hace cuatro siglos.

El padre se instaló en la mesa de trabajo. "Debía saberlo", dijo. "Al fin y al cabo no es nada nuevo para usted." Recorrió la habitación con una mirada imprecisa y dijo en otro tono:

—Sería cuestión de hacer algo antes del domingo.

—Hoy es jueves —precisó el alcalde.

[20] *Op. cit.*, pp. 75-76, 77.

—Me doy cuenta del tiempo —replicó el padre. Y agregó, con un recóndito impulso—: Pero tal vez no sea demasiado tarde para que usted cumpla con su deber. El alcalde trató de torcerle el cuello a la botella. El padre Ángel lo vio pasearse de un extremo a otro del cuarto, aplomado y esbelto, sin ningún signo de madurez física, y experimentó un definido sentimiento de inferioridad.

—Como usted ve —reafirmó— no se trata de nada excepcional.

Dieron las once en la torre. El alcalde esperó cuando se disolvió la última resonancia y entonces se inclinó frente al padre, con las manos apoyadas en la mesa. Su rostro tenía la misma ansiedad reprimida que había de revelar la voz.

—Mire una cosa padre —comenzó—: el pueblo está tranquilo, la gente comienza a tener confianza en la autoridad. Cualquier manifestación de fuerza en estos momentos sería un riesgo demasiado grande para una cosa sin mayor importancia.

El padre Ángel aprobó con la cabeza. Trató de explicarse: —Me refiero, de un modo general, a ciertas medidas de autoridad. —En todo caso —prosiguió el alcalde sin cambiar de actitud—, yo tomo en cuenta las circunstancias. Usted lo sabe: ahí tengo seis agentes encerrados en el cuartel, ganando sueldo sin hacer nada. No he conseguido que los cambien.

—Ya lo sé —dijo el padre Ángel—. No lo culpo de nada.[21]

A fin de satisfacer los deseos del sacerdote, el alcalde empieza por imponer el toque de queda, recluta gente para aumentar la fuerza pública, incorporando incluso a delincuentes que estaban en la cárcel. En pocos días, el señor alcalde, encargado de la tranquilidad pública se convierte en un elemento de violencia y defrauda no sólo al municipio sino a las pobres personas que se hallaban viviendo en los terrenos altos, y además utiliza la amenaza a fin de apoderarse de los bienes de César Montero y de la viuda Montiel. Veamos el drama en estos párrafos:

—¿Qué es el bando?

—Eso es lo que estoy tratando de averiguar, pero nadie sabe nada. Por supuesto —añadió la viuda—, desde que el mundo es mundo el bando no ha traído nunca nada bueno. Entonces la cocinera salió a la calle y regresó con los pormenores. A partir de esa noche, y hasta cuando cesaron las causas que lo motivaron, se restablecía el toque de queda.

[21] *Op. cit.*, p. 118.

Nadie podría salir a la calle después de las ocho, y hasta las cinco de la mañana, sin un salvoconducto firmado y sellado por el alcalde. La policía tenía orden de dar tres veces la voz de alto a toda persona que encontrara en la calle y si no era obedecida tenía orden de disparar. El alcalde organizaría rondas de civiles, designados por él mismo para colaborar con la Policía en la vigilancia nocturna.[22]

La violencia oficial se desata con todo furor, nadie se escapa de esa locura que azota a todo el país. El pueblo está sujeto a la violencia ordenada por el alcalde y su fuerza pública. Dos grupos se perciben claramente en la descripción: el pueblo y la fuerza pública. La desconfianza es mutua. El alcalde desconfía ya hasta del dentista, y a pesar de los fuertes dolores de muelas que padece teme ir a buscar sus servicios. Todos viven aterrorizados por la violencia: "Usted no sabe —dijo el peluquero— lo que es levantarse todas las mañanas con la seguridad de que lo matarán a uno, y que pasen diez años sin que lo maten." El alcalde recluta gente a diestro y siniestro a fin de fortificar su fuerza y mantener la violencia.

Las pesadas puertas de acero de la oficina exhalaron al abrirse un aliento helado. "Quiere decir que son buenos para la pelea", sonrió el alcalde, después de encender las luces de la fortaleza privada.
[...] El alcalde operó la combinación.
—Y eso no es nada —dijo—; a todos les voy a dar fusiles.
[...] Cuando bajaron al patio las luces estaban encendidas. Los reclutas tomaban gaseosas bajo las sucias bombillas eléctricas contra las cuales se estrellaban los moscardones. Paseándose de un extremo al otro del patio, donde permanecían algunos pozos de lluvia estancada, el alcalde les explicó con un tono paternal, en qué consistía su misión de esa noche. Serían apostados en las principales esquinas con orden de disparar contra cualquier persona, hombre o mujer, que desobedeciera las tres voces de alto. Les recomendó valor y prudencia. Después de la medianoche les llevaría de comer. El alcalde esperaba, con el favor de Dios, que todo transcurriera sin contratiempos, y que el pueblo supiera apreciar aquel esfuerzo de las autoridades en favor de la paz social.[23]

La llovizna empezó después de la media noche. El peluquero y otro recluta, apostados en la esquina del puerto, abandonaron su sitio y se

[22] *Op. cit.*, pp. 121, 122.
[23] *Op. cit.*, pp. 132-133.

protegieron bajo el alar de la tienda del señor Benjamín. El peluquero encendió un cigarrillo y examinó el fusil a la luz del fósforo: Era un arma nueva.

—Es made in U.S.A. —dijo.[24]

Después del asesinato vulgar oficial perpetrado por el alcalde a Pepe Amador, una de las primeras víctimas de la violencia de la represión del alcalde, la violencia se desata con ferocidad y arrastra a la mayoría de los habitantes del pueblo.

Después del crimen mencionado por el alcalde militar —el teniente del lugar quien tenía detenido a Pepe Amador en la cárcel, y es torturado hasta la muerte—, los pobres habitantes del villorrio se desplazan hacia los montes y se unen a las guerrillas populares.

"No se ocupó de él. Después de recibir el parte de guardia, se hizo abrir la celda donde Pepe Amador parecía dormir profundamente tirado bocabajo en el piso de ladrillos. Lo volteó con el pie, y por un momento observó con una secreta conmiseración el rostro desfigurado por los golpes.

—¿Desde cuándo no come? —preguntó.

—Desde anteanoche.

[. . .] El alcalde abandonó la celda y ordenó que le dieran de comer y lo dejaran dormir un rato. 'Después —dijo— sigan trabajándolo hasta que escupa todo lo que sabe. No creo que pueda resistir mucho tiempo'.

[. . .] Volvía a la tienda a escribir el memorial cuando comprendió que algo ocurría en el pueblo. Percibió gritos distantes. A un grupo de muchachos que pasó corriendo junto a él les preguntó qué sucedía, y ellos les respondieron sin detenerse. Entonces regresó a la telegrafía y devolvió la hoja de papel sellado.

—Ya no hace falta —dijo—. Acaban de matar a Pepe Amador." [25]

El poder político, la violencia oficial ejercida desde el alcalde, está vinculada estrechamente a un fenómeno económico, mostrando esa relación natural que suele presentarse en la América Latina: la violencia oficial sirve para enriquecerse, al comprar terrenos a precios irrisorios de los bienes de los muertos o encarcelados, al igual que para coaccionar a las atemorizadas viudas y obligarlas a malvender enormes

[24] *Op. cit.,* p. 135.
[25] *Op. cit.,* pp. 173-178.

extensiones de tierra, por lo que el jefe político, militar o civil quiera proporcionarles.

"El alcalde los hizo sentar. Veinticuatro horas antes el señor Carmichael había sido conducido a la oficina blindada y sometido a un intenso interrogatorio sobre la situación de los bienes de Montiel. Había hecho una exposición detallada. Al final, cuando el alcalde reveló su propósito de comprar la herencia al precio que establecieron los peritos del municipio, había anunciado su inflexible determinación de no permitirlo mientras no estuviera liquidada la sucesión." [26]

García Márquez con una fantasía mágica nos muestra la realidad del pueblo: la resistencia armada. Los papeles clandestinos circulaban de mano en mano: las armas escondidas con anterioridad son tomadas por el pueblo y esperan que el momento sea oportuno para lanzarse a la lucha contra la opresión oficial. La voluntad del pueblo es más fuerte que la violencia, que la falta de tranquilidad del alcalde militar que torturaba y asesinaba en nombre de la ley.

—Por todos lados— dijo Mina—. Parece que se volvieron locos buscando hojas clandestinas. Dicen que levantaron el entablado de la peluquería, por casualidad, y encontraron armas. La cárcel está llena, pero dicen que los hombres se están echando al monte para meterse en las guerrillas.

El padre Ángel suspiró.

—No me di cuenta de nada —dijo.

Caminó hacia el fondo de la iglesia. Ella lo siguió en silencio hasta el altar mayor.

—Y eso no es nada —dijo Mina—. Anoche a pesar del toque de queda y a pesar del plomo. . .

El padre Ángel se detuvo. Volvió hacia ella sus ojos parsimoniosos, de un azul inocente. Mina también se detuvo, con la caja vacía bajo el brazo, e inició una sonrisa nerviosa antes de terminar la frase.[27]

"Es significativo que los personajes de más relieve en esta obra en que el protagonista es de alcance colectivo sean los que representan dos autoridades tradicionales: la civil y la eclesiástica. Tanto la personalidad del padre Ángel como la del alcalde se desenvuelven en un marco tradicional: el primero representa a los curas que persisten en

[26] *Op. cit.*, p. 174.
[27] *Op. cit.*, p. 178.

su papel acostumbrado de intransigencia y rigidez moral; el segundo practica la corrupción tan conocida de gamonales. Son retratos genéricos de una clase de conducta que ha prevalecido en nuestros países y cuya descripción realista utiliza García Márquez para expresar su desesperanza ante la condición social de un pueblo. No es sorprendente, pues, que en un momento dado se unan las dos autoridades para perseguir un mismo fin, animadas por diferentes motivos. La meta común del cura y del alcalde de encontrar al distribuidor de los pasquines responde a la obligación del cura de proteger la moral y crea el ambiente propicio para que el alcalde, al imponer la fuerza, persiga sus corrompidas metas de enriquecimiento y afianzamiento político. Los pasquines que el cura ha calificado de 'un caso de terrorismo en el orden moral' provocan un terrorismo muy patente cuando el alcalde encarcela a Carmichael para apoderarse de los bienes de la viuda de Montiel y sus hampones asesinan a Pepe Amador." [28]

La mala hora nos intuye no sólo una violencia física sino una marcada violencia psicológica. Esa situación psicológica representada por la represión militar, el estado de sitio, el toque de queda, la presión económica, la tortura y el temor de ser asesinado en cualquier momento, generan un clima a nivel individual y colectivo, que se va interiorizando dentro de la psiquis de los habitantes del lugar donde se desarrollan los hechos. Esa psicología del terror, es otro de los grandes valores que hay que destacar en *La mala hora,* pues mediante esta situación es fácil advertir una psicosis general que refleja ese tremendo *Drama de la violencia.* Veamos unos cortos diálogos entre el padre Ángel y miembros de la autoridad:

—¿Puedo hablar con él?
—Está incomunicado —dijo el agente.
El padre Ángel no insistió. Preguntó si el preso estaba bien... Tenía 24 horas de no comer. Había rechazado los alimentos que el alcalde ordenó en el hotel.
—Tiene miedo de que lo envenenen —concluyó el agente (p. 37).

El padre Ángel lo examinó con rencor. —Están cometiendo un crimen —dijo—. Ese hombre tiene más de cinco días sin comer. Sólo su constitución física le ha permitido sobrevivir.

---

[28] Lydia D. Hazera, "Estructura y temática de *La mala hora de* Gabriel García Márquez", en: *Thesaurus,* Bogotá, Colombia, T. 28, 1973. pp. 476-477.

—Es su gusto —dijo el alcalde, tranquilamente.

—No es cierto —dijo el padre, imprimiendo a su voz una serena energía—. Usted dio orden de que no le dieran de comer (p. 77).

Las noches de violencia bajo el terror del toque de queda, y el temor de ser muerto en cualquier instante, agudiza la percepción del pánico a un nivel colectivo. "Esta noche las rondas las van a hacer ustedes", les dijo revisando fusiles para entregarles los mejores. "No tienen que hacer nada, sino dejar que la gente se dé cuenta de que son ustedes los que están en la calle" (p. 151).

El temor se amplía progresivamente hasta hacer efecto en las mismas autoridades.

"[. . .] y otra vez quedó solo con sus recuerdos. No hizo esfuerzos para dormir. Estaba desvelado en pleno día, empantanado en el pueblo que seguía siendo impenetrable y ajeno, muchos años después de que él se hiciera cargo de su destino [. . .] y la orden de someter al pueblo a cualquier precio. . . fue él quien conoció el terror [. . .] Aquella tarde, sin embargo, inconsciente de la invisible telaraña que el tiempo había ido tejiendo a su alrededor, le había bastado una instantánea explosión de clarividencia para haberse preguntado quién estaba sometido a quién" (p. 148).

El juez Arcadio cae bajo el terror al darse cuenta que las cosas no cambian, y que el pueblo se organiza para su defensa ante el régimen de terror:

—De todos modos —reflexionó el juez Arcadio después de enterarse de los pormenores [del bando]— está concebido en términos drásticos. No era necesario.

—Es el mismo decreto de siempre.

—Así es —admitió el juez—. Pero las cosas han cambiado, y es preciso que cambien también los términos. La gente debe estar asustada.

Sin embargo, según lo comprobó más tarde jugando a las cartas en el salón de billar, el temor no era el sentimiento predominante. Había más bien una sensación de victoria colectiva por la confirmación de lo que estaba en la conciencia de todos: las cosas no habían cambiado (p. 130).

La presión psicológica tiene una estrecha relación con la historia de la violencia económica. Dos personajes civiles, José Montiel y don

Sabás están en plena unión con las autoridades a fin de obtener beneficios económicos:

"Lindo negocio: mi partido está en el poder, la policía amenaza de muerte a mis adversarios políticos, y yo [José Montiel] les compro tierras y ganados al precio que yo mismo ponga."

Unos cortos diálogos nos dan idea de las ganancias del alcalde quien aprovecha —el estado de sitio— y sin el menor pudor se enriquece al violar las normas legales existentes:

El teniente se está hundiendo en el pueblo. Y cada día se hunde más, porque se ha descubierto un placer del cual no se regresa: poco a poco sin hacer mucho ruido, se está volviendo rico.

... Para él, en estos momentos, no hay mejor negocio que la paz.

—Dígame una cosa, don Sabás: ¿cuántas reses de la viuda Montiel ha hecho usted sacar y contramarcar con su hierro desde cuando ella le ofreció vender?...

—No tengo la menor idea...

—Entonces, doscientas —dijo el alcalde—. Usted sabe cuáles son las condiciones: cincuenta pesos de impuesto municipal por cada res. "Esta vez, sin embargo, las cosas no terminan ahí, prosiguió." A partir de este momento, en cualquier lugar que se encuentre, todo el ganado de la sucesión de José Montiel está bajo la protección del municipio (p. 165).

Refiriéndose a estos enriquecimientos rápidos y fáciles en la época de la violencia, dice Germán Guzmán Campos:

El fenómeno conlleva radicales cambios en el concepto mismo de la propiedad, al justificar el despojo de lo ajeno y relajar la noción de obligatoriedad en los compromisos contractuales de mayordomía. El dueño desterrado de su fundo queda supeditado a la mala fe de los administradores; las fincas de los desposeídos son usufructuadas por sus enemigos políticos; las entidades prestatarias paralizan el crédito sobre prenda rural; las obligaciones no pueden saldarse pero los intereses siguen corriendo, pese a la honradez de los deudores; muchas propiedades son vendidas a menos precio por razón de las circunstancias.

Los ambiciosos aplican a la fuerza un plan sistemático, premeditado, de factores que deprecian el inmueble o hacen imposible su administración. Posteriormente asoma la transacción leonina...

Casos hubo como el de un famoso notario de Pijao, que autenticaba

letras evidentemente nulas, con las que se aseguraba la enajenación de
propiedades. Detrás de esta maniobra se agazapaban los autores intelectuales de espolios, estupros y asesinatos; los verdaderos usufructuarios
de la violencia, que en los pueblos veían con pétrea entraña el magro
desfile de los desposeídos. Ellos encarnan el tipo humano más repugnante
en la historia del crimen. Se los define con esta palabra: nefrarios.[29]

Otra continua preocupación psicológica son los pasquines que aparecen a diario. El lector capta esa tensión que ellos crean y que afecta
principalmente a las clases dominantes. "De la muerte de Pastor como
consecuencia de los pasquines, se pasa de un prolongado camino de
creciente suspenso al dominio de los pasquines en toda la vida del
pueblo, hasta llegar a una nueva historia y categoría, la muerte de
Pepe, hombre de la oposición, y su presumible ligazón con las hojas
clandestinas.
    "Los pasquines son entonces, el motivo que devela la violencia re-
primida por la circunstancia moral, política y económica y su corre-
lato ideológico. Ellos reflejan los vicios y la decadencia de cada familia
y de toda la sociedad a la vez.
    "Pero cuando del pasquín se llega al volante subversivo, se opera un
salto cualitativo. Del chisme moral, producto de la descomposición del
medio, se pasa al cartel político circulante que tiene su fuerza en la
acción política de la oposición." [30]
    Un ejemplo representativo del valor psicológico de los pasquines
es el que afecta a uno de la clase dominante económica el bien conocido Don Sabás, pasquín que toma la historia de los burros:

—Fue un negocio de burros que tuve hace veinte años —dijo—. Daba la
casualidad que todos los burros vendidos por mí amanecían muertos a
los dos días, sin huellas de violencia...
    —¿Pues sabe usted qué inventó la gente?
    —Corrió la bola de que era yo mismo el que entraba de noche a las
huertas y les disparaba adentro a los burros, metiéndoles el revólver por
el culo.
    —[...] —Eran las culebras —dijo don Sabás—. Pero de todos modos, se

[29] Germán Guzmán, *La violencia en Colombia*, Cali, Ediciones **Progreso**, 1968, páginas 382, 386.
[30] Luis Iván Bedoya — Augusto Escobar, *La novela de la violencia en Colombia; La
mala hora*, Ediciones Hombre Nuevo, Medellín, Colombia, 1980, p. **126.**

necesita ser bien pendejo para escribir un pasquín con lo que sabe todo el mundo.

Esa ha sido una característica de los pasquines —dijo el médico—. Dicen lo que todo el mundo sabe, que por cierto es casi siempre verdad. [...]

—Lo que pasa es que en este país no hay una sola fortuna que no tenga a la espalda un burro muerto [dijo don Sabás]. —Yo siempre he creído, mi querido don Sabás, que su única virtud es la desvergüenza (p. 94).

Con respecto a *La mala hora*, G. R. Murray considera que

la sátira desempeña un papel importante en la novela, representando un síntoma de la violencia, y finalmente generando la lucha de la guerra civil. La sátira emite elementos de misterio, en parte debido a su origen desconocido ("Es todo el pueblo y no es nadie"), y en parte debido a terror que crea y que ella aumenta (lo que impide a la gente dormir no es la sátira sino el miedo a la sátira). Estas cualidades y otras cosas que discutimos adelante han permitido a algunos críticos concluir que la sátira podría representar una metáfora de la literatura de protesta, el tipo de literatura que ha sido muy característico en las letras latinoamericanas. Esta interpretación podría aceptarse por la idea de que las sátiras directas sólo son dirigidas contra los ricos, los poderosos, y los corrompidos. Los pobres no solamente están contentos con sus apariencias, sino que ellos experimentan una clase de victoria colectiva cuando el alcalde es forzado a tomar medidas represivas y así, en un sentido, se retracta de su exageración de haber pacificado a la comunidad. El parecido de la sátira con la ficción, está ilustrado aún más por el comentario del juez Arcadio: "Esto es como leer novelas de detectives", y por la curiosidad del diabético don Sabás: "Tenga cuidado, doctor. No quiero morir antes de saber cómo termina esta novela". Quizá se haga alusión al poder de la literatura de protesta cuando el dentista, el único rebelde que permanece en el pueblo, y quien abiertamente está en contra de las autoridades, comenta a su asustada esposa: "Sería chistoso si ellos nos sacaran del pueblo con un pedazo de papel pegado a nuestras puertas, cuando ellos no pudieron ni con las balas."

Quizá el más sutil elemento unificador de *La mala hora* sea el tono, cualidad que sirve para generar la tensión dramática, contrarresta la impresión de degeneración y quita valor al tema de la violencia. Creada principalmente por yuxtaposiciones de escenas y de acumulación de imágenes y eventos, también engrandece el efecto individual de episodios y crea patrones rítmicos que unen elementos desiguales del montaje de la estructura. Al comienzo, la novela subraya la atmósfera de violencia, que

se halla sutilmente sugerida cuando el dueño del teatro visita al padre
Ángel para discutir la censura de películas que en la tarde el sacerdote
considera que "no era un revólver sino una linterna que él tenía en su
correa". Ocasionalmente la falsa calma de la atmósfera es destruida por
imágenes que expresan turbulentas pasiones y la sensible brutalidad de
recurrir a la amenaza en el pueblo. Por ejemplo, la sorpresiva furia
de Roberto Asís sobre la sátira que acusa a su esposa de infidelidad se
muestra metafóricamente cuando, después de una conversación con ella
sobre este tema, él entra en la cocina y quita la tapa de la olla sobre
la estufa. Una tortuga estaba flotando de espaldas en el agua hirviendo.
Por primera vez no le impresionó la idea que el animal hubiera sido
arrojado vivo dentro de la olla y que su corazón continuaría trabajando
cuando ellos lo trajesen a la mesa en pedazos. (*Op. cit.*, de McMurray,
pp. 36, 39.)

"En la medida en que García Márquez consigue representar en los
acontecimientos particulares que se refieren a la época de la 'Violencia'
en Colombia, el rasgo típico de la 'Violencia' como elemento estructural de la vida político-social latinoamericana, le es dable al lector vincular lo narrado con su propia situación cotidiana. Por una parte se
logra una restricción de la polisemia de *El coronel no tiene quien le
escriba* y *La mala hora* por el hecho de que remiten a una realidad
extraliteraria determinada. Por otra parte, el autor no intenta reducir
las dos novelas a un puro reflejo ejemplar de historia política. Es nota-
ble que García Márquez llega en el caso de los textos examinados a la
interpretabilidad de lo particular como expresión de un fenómeno más
general, como lo es la violencia estructural americana, mediante una
escritura que en lo esencial significa una trasposición a la literatura
de recursos narrativos que el autor había sometido anteriormente a
prueba en sus trabajos periodísticos." [31]

"CIEN AÑOS DE SOLEDAD"

Hacía más de cuarenta años, desde la publicación de *La vorágine,* que
en Colombia no se escribía una novela de la calidad de *Cien años de
soledad* que pudiera catalogarse como obra señera en su género. Esta

[31] Meyer-Minnemann, *op. cit.*, pp. 221-222.

novela, traducida a treinta lenguas, cuenta con más de diez millones de ejemplares en un tiempo no mayor de 16 años de publicarse su primera edición. *Cien años de soledad* es en realidad obra sin precedentes en la narrativa de García Márquez, la que completa el círculo inaugurado por *La hojarasca*, su primera novela, publicada en 1955.

Esta novela catalogada por la crítica internacional como una de las mejores novelas escritas en la actualidad en el mundo, en el fondo es una síntesis muy bien lograda de un trozo de la historia nacional, y quizá de la historia de la América Latina o de la historia de la humanidad artística del novelista en donde se amalgaman dos tiempos: el histórico, lúcido y cronológico y el mítico, circular y cronológico.

Los cien años de soledad de Macondo, ocurre en un ambiente propicio para conducirnos por una deliciosa sensación, al discurrir sobre la lectura de tan portentosa obra, que muchas veces compartimos la vida de aquella gente en medio de aquel río transparente, entre la selva, la ciénaga y la manigua.

"Como en los territorios encontrados donde cabalgan el Amadís y el Tirant, en Macondo han volado en pedazos las fronteras que separan la realidad y la irrealidad. Todo parece ocurrir aquí: la desmesura es la norma, la maravilla alimenta la vida y es tan veraz como la guerra y el hambre. Hay alfombras voladoras que pasean a los niños de Macondo sobre los techos de la ciudad; una peste de insomnio y de olvido; un gitano que muere y vuelve a la vida 'porque no puede soportar la soledad', un cura que levita después de tomar una taza de chocolate y una mujer que asciende al cielo en cuerpo y alma, escoltada por sábanas de bramante; un hombre que se desplaza por la vida con una aureola de mariposas amarillas, y un héroe inspirado en los cruzados caballeros que promueve treinta y dos guerras y las pierde todas." [32]

Los personajes en esta novela y demás elementos son manejados por el autor con asombrosa maestría pues aun los hechos más inverosímiles los hace aparecer ante el lector no solamente como verdaderos sino totalmente indispensables dentro del desarrollo de los acontecimientos. Así, la ascención de Remedios en cuerpo y alma no es algo asombroso, es más bien la consecuencia lógica ante la imposibilidad de encontrar Remedios la bella, un lugar en la tierra. Es por eso que ni los Buendía ni el lector se asombran de tal acontecimiento. Tampoco la llovizna

[32] Mario Vargas Llosa, *García Márquez de Aracataca a Macondo, la novela hispanoamericana actual*, Las Americas Publishing Company, Nueva York, 1971, pp. 173-174.

de flores amarillas, el día de la muerte de José Arcadio Buendía, es algo de la cual el lector se detiene a preguntar la matanza de las bananeras, borrar sus recuerdos y tomar venganza con la indiferencia con que los suyos reciben su muerte. La lluvia perniciosa durante cuatro años once meses y dos días que se cernió sobre Macondo, parece que hubiera sido el agua apenas indispensable para lavar la sangre derramada en la masacre de las bananeras, borrar sus recuerdos y tomar venganza con los extranjeros ante la indiferencia del pueblo y del gobierno. Luego de cumplida su labor en el transcurso del tiempo, las aguas se retiran permitiendo la resurrección del Macondo anterior de la United Fruit Company, en el cual ya nunca podrá volver a haber pájaros, ese elemento tan usado y tan simbólico en la obra de García Márquez. Esta lluvia, a pesar de su prolongación no es un hecho común que parezca insólito para el lector.

"Por eso, uno de los episodios más terribles y deslumbrantes del libro es esa matanza en la plaza de Macondo, esos tres mil muertos inocentes que luego son cargados en un tren y arrojados al mar, muertos que siguen acechando la vigilia y los sueños de José Arcadio Segundo el mismo que habrá de encerrarse un día en el cuarto de Melquiades para no salir más, el que enseñará a leer al bastardo Aureliano, el que descubre también el santuario, el lugar en que el tiempo ha quedado detenido." [33]

García Márquez funde lo real con la ficción a fin de que perdure lo más posible. La realidad está en la conciencia de la humanidad, de ahí que el autor a base de diálogos se centre en el genocidio de las bananeras para que la impunidad no desaparezca al correr del tiempo.

José Arcadio Segundo sostiene en sus conversaciones que fueron doscientos vagones los que transportaron a los muertos para ser arrojados al mar. Empero la voz narrativa que representa las informaciones oficiales y los intereses de la empresa aseguran que no hubo masacre, ni aun compañía bananera. Es posible que posteriormente afirmen que Macondo es inexistente. Pero es posible, según la voz narrativa, que aun los doscientos vagones de que nos habla José Arcadio Segundo dan una cifra ínfima para colocar en ellos todos los restos de los trabajadores asesinados en Macondo.

[33] E. Rodríguez Monegal, "Novedad y anacronismo de Cien años de soledad", en: Revista Nacional de Cultura y Bellas Artes, Caracas, junio, agosto, septiembre, 1967, p. 88.

Fernanda regresó a Macondo en un tren protegido por policías armados. Durante el viaje advirtió la tensión de los pasajeros, los arrestos militares en los pueblos de la línea y el aire enrarecido por la certidumbre de que algo grave iba a suceder, pero careció de información mientras no llegó a Macondo y le contaron que José Arcadio Segundo estaba incitando a la huelga a los trabajadores de la compañía bananera. "Eso es lo último que nos faltaba", se dijo Fernanda. "Un anarquista en la familia." La huelga estalló dos semanas después y no tuvo las consecuencias dramáticas que se temían. Los obreros aspiraban a que no se les obligara a cortar y embarcar banano los domingos, y la petición pareció tan justa que hasta el padre Antonio Isabel intercedió en favor de ella porque la encontró de acuerdo a la ley de Dios.

[...] la policía se conformó con vigilar el orden. Pero en la noche del lunes los dirigentes fueron sacados de sus casas y mandados con grillos de cinco kilos en los pies, a la cárcel de la capital provincial. Entre ellos se llevaron a José Arcadio Segundo y a Lorenzo Gavilán, un coronel de la revolución mexicana, exiliado en Macondo, que decía haber sido testigo del heroísmo de su compadre Artemio Cruz. Sin embargo, antes de tres meses estaban en libertad, porque el gobierno y la compañía bananera no pudieron ponerse de acuerdo sobre quién debía alimentarlos en la cárcel. La inconformidad de los trabajadores se fundaba esta vez en la insalubridad de las viviendas, el engaño de los servicios médicos y la iniquidad de las condiciones de trabajo. Afirmaban, además, que no se les pagaba con dinero efectivo, sino con vales que sólo servían para comprar jamón de Virginia en los comisariatos de la compañía. José Arcadio Segundo fue encarcelado porque reveló que el sistema de los vales era un recurso de la compañía para financiar sus barcos fruteros, que de no haber sido por la mercancía de los comisariatos hubieran tenido que regresar vacíos desde Nueva Orleáns hasta los puertos de embarque del banano. Los otros cargos eran del dominio público. Los médicos de la compañía no examinaban a los enfermos, sino que los hacían pararse en fila frente a los dispensarios, y una enfermera les ponía en la lengua una píldora de color piedralipe, así tuvieran paludismo, blenorragia o estreñimiento. Era una terapéutica tan generalizada, que los niños se ponían en la fila varias veces, y en vez de tragarse las píldoras se las llevaban a su casa para señalar con ellas los números cantados en el juego de lotería.[34]

[34] Gabriel García Márquez, *Cien años de soledad*, Sudamericana, Buenos Aires 9ª ed., 1968, pp. 252, 254-255.

Por medio de la voz narrativa del autor, nos enteramos del momento crucial de la tragedia de los huelguistas de las bananeras.

José Arcadio Segundo no tuvo tiempo de hablar, porque al instante reconoció la voz ronca del coronel Gavilán haciéndole eco con un grito a las palabras de la mujer. Embriagado por la tensión, por la maravillosa profundidad del silencio y, además, convencido de que nada haría mover a aquella muchedumbre pasmada por la fascinación de la muerte, José Arcadio Segundo se empinó por encima de las cabezas que tenía enfrente, y por primera vez en la vida levantó la voz.

—¡Cabrones! —gritó—. Les regalamos el minuto que falta. Al final de su grito ocurrió algo que no le produjo espanto, sino una especie de alucinación. El capitán dio la orden de fuego y catorce nidos de ametralladoras le respondieron en el acto. Pero todo parecía una farsa. Era como si las ametralladoras hubieran estado cargadas con engañifas de pirotecnia, porque se escuchaban su anhelante tableteo, y se veían sus escupitajos incandescentes, pero no se percibía la más leve reacción, ni una voz, ni siquiera un suspiro, entre la muchedumbre compacta que parecía petrificada por una invulnerabilidad instantánea. De pronto, a un lado de la estación, un grito de muerte desgarró el encantamiento: "Aaay, mi madre". Una fuerza sísmica, un aliento volcánico, un rugido de cataclismo, estallaron en el centro de la muchedumbre con una descomunal potencia expansiva. José Arcadio Segundo apenas tuvo tiempo de levantar el niño, mientras la madre con el otro era absorbida por la muchedumbre centrifugada por el pánico.

Muchos años después, el niño había de contar todavía, a pesar de que los vecinos seguían creyéndolo un viejo chiflado, que José Arcadio Segundo lo levantó por encima de su cabeza, y se dejó arrastrar, casi en el aire, como flotando en el terror de la muchedumbre, hacia una calle adyacente. La posición privilegiada del niño le permitió ver que en ese momento la masa desbocada empezaba a llegar a la esquina y la fila de ametralladoras abrió fuego. Varias voces gritaron al mismo tiempo: ¡Tírense al suelo! ¡Tírense al suelo!

Ya los de las primeras líneas lo habían hecho, barridos por las ráfagas de metralla. Los sobrevivientes, en vez de tirarse al suelo, trataron de volver a la plazoleta, y el pánico dio entonces un coletazo de dragón, y los mandó en una oleada compacta contra la otra oleada compacta que se movía en sentido contrario, despedida por el otro coletazo de dragón de la calle opuesta, donde también las ametralladoras disparaban sin tregua. Estaban acorralados, girando en un torbellino gigantesco que poco a poco se reducía a su epicentro porque sus bordes iban siendo sistemáticamente recortados en redondo, como pelando una cebolla, por las tijeras insaciables y metódicas de la metralla (pp. 258-260).

El gobierno, representado por las fuerzas militares, comunica por medio de bandos, que la huelga ha terminado, atribuyéndose el hecho al elevado espíritu patriótico de los obreros de la huelga y de sus respectivos dirigentes. También se informa que el señor Brown representante de la United Fruit Company ha ofrecido: "pagar tres días de jolgorios públicos para celebrar el término del conflicto". Sólo que cuando los militares le preguntaron para qué fecha podía anunciarse la firma del acuerdo, él miró a través de la ventana del cielo rayado de relámpagos, e hizo un profundo gesto de incertidumbre.

—"Será cuando escampe —dijo—. Mientras dure la lluvia suspendemos toda clase de actividades" (p. 262).

Este señero párrafo marca el diluvio que según García Márquez dura "cuatro años, once meses y dos días", justamente el tiempo que posteriormente permanece la compañía en Macondo, quedando la comarca en la miseria.

Refiriéndose a la fantástica leyenda de *Cien años de soledad* sobre la fatídica fecha de la huelga y sus respectivos hechos, nos dice un crítico sobre el particular:

El episodio de la huelga relatado por García Márquez tiene todos los visos de un hecho en el que ciertos elementos de la realidad se mezclan con elementos irreales, produciendo en la mente del lector la impresión de un fenómeno fantasmagórico. Ahora bien, ¿Cómo se produce este efecto? Si confrontamos —como hemos tratado de hacerlo— episodios concretos de *Cien años de soledad* y de la zona bananera en 1928, advertimos que el efecto alcanzado no procede, como podría creerse, de una completa liberación imaginativa. Lo contrario está cerca de la verdad: lo "fantástico" del episodio de la huelga descansa sobre un número bien determinado de elementos narrativos, muchos de los cuales tienen su contraparte en la realidad. En efecto, algunos hechos que crean principalmente una sensación de irrealidad son: los poderes punto menos que sobrenaturales atribuidos a los ingenieros de la compañía; la proclama de esta última sobre la "inexistencia" de los trabajadores, el interminable cargamento de muertos conducidos al mar en medio de la noche, y la amnesia total que sufre el pueblo después de la matanza de los trabajadores. Como hemos mostrado documentalmente, todo esto no surge de la libre imaginación de García Márquez, sino que es tomado por éste de la realidad, en algunos casos levemente reelaborada e incorporada a su mundo narrativo. La realidad americana nutre de fantasía a su novela. Tal es precisamente, el sentido en que Alejo Carpentier desarrolla su concepto de lo "real maravilloso" americano; de ahí que no sea arbitrario relacionar su nombre con el del creador de *Cien años de soledad*.[35]

García Márquez a través de un realismo mágico nos señala el poder americano en Macondo, la injusticia de la compañía con sus trabajadores y el crimen colectivo donde miles de personas son asesinadas por orden de la compañía. El genocidio trata de ser cubierto y hasta negado por los comprometidos en él.

La muchedumbre cansada exhaló un suspiro de desaliento. Un teniente del ejército se subió entonces en el techo de la estación, donde había cuatro nidos de ametralladoras enfiladas hacia la multitud, y se dio un toque de silencio. Al lado de José Arcadio Segundo estaba una mujer descalza, muy gorda, con dos niños de unos cuatro y siete años. Cargó al menor, y le pidió a José Arcadio Segundo, sin conocerlo, que levantara al otro para que oyera mejor lo que iban a decir. José Arcadio Segundo se acaballó al niño en la nuca. Muchos años después, ese niño había de seguir contando, sin que nadie se lo creyera, que había visto al teniente leyendo con una bocina de gramófono el Decreto Número 4 del Jefe Civil y Militar de la provincia. Estaba firmado por el general Carlos Cortés Vargas, y por su secretario, el mayor Enrique García Isaza, y en tres artículos de ochenta palabras declaraba a los huelguistas cuadrilla de malhechores y facultaba al ejército para matarlos a bala (página 258).

La narración omnisciente que el autor proporciona en *Cien años de soledad,* nos señala una interpretación de la vida política de Colombia y especialmente una interpretación de la vida de los obreros de las bananeras lo mismo que el tratamiento que se les ha dado a todos sus miembros y a sus dirigentes sindicales. Así, García Márquez va uniendo diferentes fragmentos de la historia colombiana, partiendo

[35] Lucila Inés Mena, "La huelga de la compañía bananera como expresión de lo 'Real, Maravilloso' americano en 'Cien años de Soledad' ", en: *Bulletin Hispanique,* volumen 74, 1972, pp. 379-405.

de las raíces mismas de la historia, delineando sus características hasta desembocar a la era de "la violencia".

[...] Muchos años después, el niño había de contar todavía, a pesar de que los vecinos seguían creyéndolo un viejo chiflado, que José Arcadio Segundo lo levantó por encima de su cabeza, y se dejó arrastrar, casi en el aire, como flotando en el terror de la muchedumbre, hacia una calle adyacente. La posición privilegiada del niño le permitió ver que en ese momento la masa desbocada empezaba a llegar a la esquina y la fila de ametralladoras abrió fuego. Varias voces gritaron al mismo tiempo: —¡Tírense al suelo! ¡Tírense al suelo!
    Ya los de las primeras líneas lo habían hecho, barridos por las ráfagas de metralla. Los sobrevivientes, en vez de tirarse al suelo, trataron de volver a la plazoleta, y el pánico dio entonces un coletazo de dragón, y los mandó en una oleada compacta contra la otra oleada compacta que se movía en sentido contrario, despedida por el otro coletazo de dragón de la calle opuesta, donde también las ametralladoras disparaban sin tregua. Estaban acorralados, girando en un torbellino gigantesco que poco a poco se reducía a su epicentro porque sus bordes iban siendo sistemáticamente recortados en redondo, como pelando una cebolla, por las tijeras insaciables y metódicas de la metralla (pp. 259-260).

Cien años de soledad es la fusión de la realidad y de la fantasía, entre los hechos fantásticos de Macondo y los hechos registrados por la historia. José Arcadio Segundo en su continuo diálogo en Macondo va trazando la historia de Colombia, y concretamente, la trayectoria de los movimientos subversivos. José Arcadio Segundo representa el espíritu subversivo del coronel Aureliano Buendía y se coloca al servicio de la lucha de clases iniciada por los trabajadores de las bananeras convirtiéndose en dirigente sindical. La opresión está a su vez representada por el ejército que apoya la explotación de la compañía extranjera. Así la lucha entre explotadores y explotados da por resultado lo que nos informa la voz narrativa:

Eran más de tres mil fue todo cuanto dijo José Arcadio Segundo. Ahora estoy seguro que eran todos los que estaban en la estación (p. 266).

José Arcadio inicia una serie de preguntas en Macondo, pero a todas ellas recibe las respuestas que no podía interpretar inmediatamente:

José Arcadio Segundo no habló mientras no terminó de tomar el café.

—Debían ser como tres mil —murmuró.

—¿Qué?

—Los muertos —aclaró él—. Debían ser todos los que estaban en la estación.

La mujer lo midió con una mirada de lástima "Aquí no ha habido muertos", dijo. "Desde los tiempos de su tío, el coronel, no ha pasado nada en Macondo." En tres cocinas donde se detuvo José Arcadio Segundo antes de llegar a la casa le dijeron lo mismo: "No hubo muertos." Pasó por la plazoleta de la estación, y vio las mesas de fritangas amontonadas una encima de otra, y tampoco allí encontró rastro alguno de la masacre. Las calles estaban desiertas bajo la lluvia tenaz y las casas cerradas, sin vestigios de vida interior (p. 261).

Por tal razón en Macondo llovió cuatro años, once meses y dos días, a fin de que el agua limpiara la sangre de las víctimas. Vemos entonces el contraste entre la realidad y lo que dicen los comprometidos en el crimen que a su vez provoca un tinte de comicidad. García Márquez intuye a través de la imaginación el poder que representa en Macondo la compañía bananera. Cuando los parientes iban a preguntar por los suyos a los comandos militares, ellos contestaban: " 'Seguro que fue un sueño, insistían los oficiales. En Macondo no ha pasado nada, ni está pasando ni pasará nunca. Éste es un pueblo feliz.' Así consumaron el exterminio de los jefes sindicales" (p. 263).

La sátira política en *Cien años de soledad* es muy importante, es el deseo de mostrar el autor la alienación que los políticos colombianos han llevado al campesino embrutecido y mostrarnos objetivamente lo que el país ha sido en política: es un decirnos que hasta hoy, los muertos han sido una serie de sacrificios inútiles y olvidados. García Márquez nos señala cómo en las contiendas políticas el pueblo no ha tenido plena conciencia del acto político en las elecciones y no ha habido un objeto determinado, ni un programa, ni la menor renovación dentro del espíritu de los que sufragan por un candidato. Son simples hombres masas que caminan como ovejas sin llegar a comprender ningún programa ideológico. Veamos el siguiente trozo:

En cierta ocasión, en vísperas de las elecciones, don Apolinar Moscote regresó de sus frecuentes viajes preocupado por la situación política del país. Los liberales estaban decididos a lanzarse a la guerra. Como

Aureliano tenía en esa época ideas muy conservadoras sobre las diferencias entre conservadores y liberales su suegro le daba lecciones esquemá-
ticas. Los liberales, le decía, eran masones; gente de mala índole, parti-
daria de ahorcar a los curas, de implantar el matrimonio civil y el di-
vorcio, de reconocer iguales derechos a los hijos naturales que a los
legítimos y de despedazar al país en un sistema federal que despojara
de poderes a la autoridad suprema. Los conservadores, en cambio, que
habían recibido el poder directamente de Dios, propugnaban por la
estabilidad del orden público y la moral familiar; eran los defensores
de la fe de Cristo, del principio de autoridad, y no estaban dispuestos
a permitir que el país fuera descuartizado en entidades autónomas. Por
sentimientos humanitarios Aureliano simpatizaba con la actitud liberal
respecto de los derechos de los hijos naturales, pero de todos modos
no entendía cómo se llegaba al extremo de hacer una guerra por cosas
que no podían tocarse con las manos. Le pareció una exageración que
su suegro se hiciera enviar para las elecciones seis soldados con fusiles,
al mando de un sargento, en un pueblo sin pasiones políticas. No sólo
llegaron, sino que fueron de casa en casa decomisando armas de cacería,
machetes y hasta cuchillos de cocina, antes de repartir entre los hombres
papeletas azules con los nombres de los candidatos conservadores, y las
papeletas rojas con los nombres de los candidatos liberales. La víspera
de las elecciones el propio don Apolinar Moscote leyó un bando que
prohibía desde la medianoche del sábado, y por cuarenta y ocho horas,
la venta de bebidas alcohólicas y la reunión de más de tres personas
que fueran de la misma familia. Las elecciones transcurrieron sin inci-
dentes. Desde las ocho de la mañana del domingo se instaló en la plaza
la urna de madera custodiada por los seis soldados. Se votó con entera
libertad como pudo comprobarlo el propio Aureliano, que estuvo casi
todo el día con su suegro vigilando que nadie votara más de una vez.
A las cuatro de la tarde, un repique de redoble en la plaza anunció el
término de la jornada, y don Apolinar Moscote selló la urna con una
etiqueta cruzada con la firma. Esa noche, mientras jugaba dominó con
Aureliano, le ordenó al sargento romper la etiqueta para contar los
votos. Había casi tantas papeletas rojas como azules, pero el sargento
sólo dejó diez rojas y completó la diferencia con azules (pp. 88-89).

La acción novelada transcurre en Macondo, dominado por la fuerza
bruta y corrompida por la opresión política. La clase dominante insiste
cotidianamente que en Macondo no hay problemas, que la tranquilidad reina en todos sus contornos, y que se vive en completa "paz oficial". Pero a pesar de la falacia oficial la realidad es diferente:

En Colombia, desde 1830 hasta finales del siglo XIX, la vida política estuvo exclusivamente dominada por la lucha que enfrentaba a los liberales y conservadores. Se decía entonces que había pocas diferencias entre unos y otros: los conservadores iban a la misa a las 9 de la mañana, mientras que los liberales lo hacían tan sólo a las 10. Hay que creer que esta *boutade* expresa tan sólo en parte la realidad, ya que es una verdadera guerra civil, sangrienta y sin piedad, la que enfrentó a los dos grandes partidos colombianos durante gran parte del siglo XIX.[36]

En *Cien años de soledad* la lucha fratricida entre los dos partidos tradicionales ocupa alrededor de 184 páginas, y además el recuerdo de la misma situación se percibe a través de toda la obra. Veamos un diálogo entre compadres comprometidos en la contienda:

—Dime una cosa compadre: ¿Por qué estás peleando?
—¿Por qué ha de ser, compadre? —contestó el coronel Márquez—: por el gran partido liberal. —Dichoso tú que sabes —contestó él. —Yo, por mi parte, apenas me doy cuenta que estoy peleando por orgullo. —Eso es malo —dijo el coronel Gerinaldo Márquez. —Naturalmente, pero en todo caso, es mejor eso, que no saber por qué se pelea. Lo miró a los ojos, y agregó sonriendo: —O que pelear como tú por algo que no significa nada para nadie (p. 201).

Este diálogo resume *grosso modo* la ignorancia, causa del problema entre liberales y conservadores. Los programas políticos son inexistentes y si se es miembro de un partido determinado radica en el hecho de que así los criaron. Así vemos que *Cien años de soledad* es una novela eminentemente realista, pero que ésta la mayor parte de las veces parece irreal. Por tal razón en América Latina todo es posible, todo se halla en un plano de lo real.

En los paisajes de Macondo está apresada toda la naturaleza de América: sus nieves, sus cordilleras, sus desiertos, sus cataclismos. También sus dramas aparecen refractados en la vida política y social de Macondo: la historia de la compañía bananera y de su presidente, el ufano Mr. Brown que viaja en un tren de cristal y terciopelo, sintetiza el drama de la explotación colonial de la América y las tragedias que engendra. No todo es magia y fiesta erótica en Macondo: un fragor de hostilidades

[36] Marcel Niedergang, *Les vingt Amériques latines,* Éditions du Seuil, París, 1962, tomo 2, p. 181.

entre poderosos y miserables resuena tras 'esas llamaradas y estalla a veces en orgía de sangre. Y en los desfiladeros y los páramos de la sierra de Macondo, hay, además, esos ejércitos que se despedazan y se buscan interminablemente, una guerra feroz que diezma a los hombres y malogra el destino del país, como ocurrió y ocurre todavía en muchos puntos de América: es una espiral de círculos concéntricos, el primero de los cuales sería una familia de personajes más o menos extravagantes, el segundo el pueblecito de Aracataca con sus mitos y problemas, el tercero Colombia, el cuarto América y el último la humanidad.

En la crónica de Macondo, viviendo por cuenta propia, y al mismo tiempo válidos como símbolos, desfilan seres, problemas, mitos que los lectores de cualquier país y lengua pueden identificar e interpretar como propios, porque son universales y expresan la condición humana. Pero esa universalidad ha sido alcanzada partiendo de la realidad más concreta, profundizándola y recreándola desde una perspectiva que no 'es local sino humana.[37]

Los cien años de historia de Macondo corresponden aproximadamente de la década del cuarenta en el siglo XIX a la década del cuarenta del presente siglo. La subversión liberal de Colombia ha marcado pues momentos decisivos; el primero el que se desarrolló entre 1848 a 1854. El segundo, con fuerte influencia de la Revolución rusa, se inició a partir de 1922 y sofocado en 1948.

Una segunda etapa se inicia a partir de 1904 con las ideas de reivindicación social expresadas por el general Rafael Uribe Uribe. Fals Borda considera que "pocas veces se registra en la historia de América Latina una marcha tan impetuosa como la subversión socialista en Colombia. La labor pionera de Rafael Uribe Uribe, la constitución de células socialistas, comunistas y neoliberales como grupos de referencias para obreros, estudiantes y campesinos, la difusión de las nuevas ideas entre el proletariado, el campesinado y el cuerpo estudiantil universitario, sumada a la ineptitud de los gobiernos conservadores de la época; todos estos hechos fueron permitiendo la agitación del orden".[38]

Así el destino de los hijos del coronel Aureliano Buendía en Macondo, se une a la fatalidad de los líderes de la subversión en Colom-

[37] Mario Vargas Llosa, "García Márquez: de Aracataca a Macondo", en: *Asedios a García Márquez*, Editorial Universitaria, Chile, 1969, pp. 144-145.
[38] Fals Borda, *Subversión y cambio social*, Editorial Tercer Mundo, Bogotá, 1968, páginas 129-130.

bia: Rafael Uribe Uribe, asesinado en 1914; Jorge Eliecer Gaitán, asesinado en 1948; el padre Camilo Torres, asesinado en 1966. "Podemos ver entonces con toda claridad que la problemática política de Macondo es una recreación de la problemática política de Colombia durante el periodo de un siglo. Los dos movimientos armados a los que García Márquez hace referencia en su novela están caracterizados por la ideología de los movimientos subversivos que se dieron en Colombia de 1848 a 1958. La historia del coronel Aureliano Buendía, el fracaso de sus guerras, los vaivenes de su ideología política, recrean la historia de aquel movimiento subversivo del siglo xix que pretendió revolucionar las instituciones tradicionales del país de acuerdo con los principios de la utopía liberal. De igual forma, la huelga de los obreros de la compañía bananera muestra ya una conciencia sindical apoyada en las doctrinas socialistas. La represión de la huelga ejemplifica la frustración de la subversión en el esfuerzo por dar una conciencia política a los trabajadores."

"[...]Concluimos entonces, que la presencia de la historia en *Cien años de soledad* está llevada a reinterpretar la vida política de Colombia comprendida entre el surgimiento de la primera subversión liberal y el momento en que 'la violencia' se desata sobre Colombia y pone fin al segundo ciclo subversivo de la historia. Dicha historia cubre exactamente, el periodo de un siglo.

"En la interpretación que García Márquez hace de la historia, estos cien años van encajados dentro del contexto más amplio de la historia del hombre americano, lo que, a su vez, encaja en la historia del hombre occidental. Por otra parte, la historia cronológica, en la que se insertan las luchas políticas, las guerras, la huelga, está supeditada a una dimensión sincrónica: el plano mítico en el que un sistema de símbolos va proporcionando explicaciones profundas a la historia de Macondo. El autor incluye lo particular en el campo más amplio de lo universal, haciéndolo participar de una realidad que revela significados que van más allá de lo particular." [39]

---

[39] Lucila Inés Mena, *"Cien años de soledad*: Novela de la violencia", *Hispamérica*, núm. 5, 1976, pp. 21-22.

MANUEL ZAPATA OLIVELLA

Manuel Zapata Olivella (Santa Cruz de Lorica, 1920, Colombia). La producción literaria publicada en diferentes editoriales por Manuel Zapata Olivella abarca lo siguiente: *Tierra mojada* (novela) (1947); *Pasión vagabunda* (relatos) (1948); *He visto la noche* (relatos) (1953); *Hotel de vagabundos* (drama) (1955); *China 6. A. M.* (relatos) (1955); *La calle 10* (novela) (1962); *El Galeón Sumergido* (cuentos); *En Chimá nace un santo* (novela) (1963); *Cuentos de muerte y libertad* (1961); *Chambacú, corral de negros* (novela) (1967); *¿Quién dio el fusil a Oswald?* (cuentos) (1967) y *Changó el gran putas* (1983), obra a la cual dedicó más de quince años de trabajo.

MANUEL ZAPATA OLIVELLA a más de novelista es médico, cuentista, folclorista, dramaturgo, periodista e investigador de asuntos antropológicos-etnográficos de la tradición popular colombiana. Ha viajado por diferentes partes de América, Europa y Asia. Ejerce al mismo tiempo al igual que el gran mexicano Mariano Azuela, la medicina y la labor literaria. Médico de pobres como su colega Azuela, ha tomado gran material de sus pacientes que une luego a su producción literaria en la cual ha demostrado una gran compasión por las clases menos favorecidas. Su literatura es eminentemente social, y en la mayoría de su obra se refleja este aspecto como tema dominante. Refiriéndose a su género literario más frecuente, que está representado en la novela, novela que se destaca por la temática de la violencia, Manuel Zapata Olivella considera lo siguiente:

Yo creo haber aludido a este problema cuando afirmaba que la novela latinoamericana tenía como característica el ser testimonial, porque en todo momento, desde el descubrimiento hasta nuestros días, la América no es más que un tránsito incesante de violencia.

Creo que en la actualidad, el periodo convulsivo que vivimos incide en la forma esencial en toda literatura contemporánea, con un hecho acentuado y es que el escritor ha dejado de ser simple espectador de la violencia para sumarse con un porcentaje más dentro de ella. De aquí ha desaparecido la posición de un Rómulo Gallegos, que observa la lucha de sus personajes por transformar el medio social y aparecen los

[63]

Rulfos, en los que el autor suele habitar la conciencia del personaje, afrontando de esta manera un puesto de lucha.[1]

La obra de Zapata Olivella parte de la inspiración del pueblo colombiano, tomando lo auténtico popular como elemento novelable. Pero ese elemento popular sirve de fundamento para la protesta social en la novelística de Zapata Olivella. Así él mismo lo explica:

> Es nuestro deber reflejar en la novela la lucha de nuestro pueblo por crear su propia historia. No basta describir la miseria en que se debaten el minero chocoano, el cafetero andino o el obrero de la ciudad, sino reclamar para ellos los valores de la civilización a los cuales han contribuido esforzadamente.[...] A la existencia hay que enriquecerla con nuevas conquistas. Por eso nuestros novelistas han de poner énfasis en las luchas de nuestros personajes por alcanzar su liberación social más que la forma de cómo cuentan o bailan para olvidar su pobreza.[2]

Esta situación expresada por Zapata Olivella señala la realidad social del pueblo colombiano, y se refleja en todos los factores de la temática de Zapata Olivella, en donde la miseria, la corrupción administrativa, y la violencia oficial forman una constante. Esa constante en su narrativa al final se convierte en plena violencia, hija de la infamia social.

Refiriéndose al estilo de Zapata Olivella, dice Ciro Alegría en el prólogo de la novela *Tierra mojada* escrita por el mismo Zapata Olivella:

> El estilo de Zapata es simple y directo y cuadra bien a sus temas. A ratos la construcción falla y se avanza a tropezones, pero a guisa de compensación hay una agradable parquedad, lo que niega en cierto modo la fama de grandilocuentes que tienen los negros, sitúalo en buen camino y lo amerita como independiente. Son muy pocos los escritores nuevos que, tratando de temas tropicales, no se enreden en la frondosa retórica de don Eustasio Rivera como en otra manigua.[3]

---

[1] Hildebrando Juárez, "Entrevista al escritor colombiano Manuel Zapata Olivella", en: *El mundo*, San Salvador, 3 de abril de 1967, p. 26.

[2] Manuel Zapata Olivella, "Creación y autenticidad: América mestiza, un gran tema de novela", en: *El Tiempo*, Bogotá, 10 de noviembre de 1963 (lecturas dominicales).

[3] Manuel Zapata Olivella, *Tierra mojada*, Prólogo de Ciro Alegría, Editorial Ballón, Madrid, 1964, p. 14.

Se destaca el estilo de Zapata por la dramaticidad de su temática. En todas sus obras deja percibir el cuadro dramático, fiel, realista y candente en el cual la protesta social es permanente y aguda, presentándose en su narrativa hechos casi increíbles que pudieran darse en el siglo xx en una tierra que suele llevar el sello de "cristiana", pero que a pesar de la duda que pueda despertar de ella, resulta una auténtica realidad.

Cuando Zapata nos conduce por una calle sucia, llena de "gamines", prostitutas, rateros, mendigos e inválidos en un sector céntrico en plena capital colombiana, sin que la sociedad privilegiada de recursos económicos ignore lo que ocurre a su alrededor y no haga lo mínimo por aliviar tales lacras sociales, estamos ante la presencia de un doloroso cuadro dramático que reclama justicia. Justamente esa dramaticidad es la que nos presenta el escritor costeño en su novela *La calle 10,* novela realista que se convierte en novela de violencia, pues a la postre se produce un hecho revolucionario que agita la sufrida calle 10, escenario de personajes que se hallan entre la vida y la muerte en virtud del *statu quo* que se daba en una sociedad clasista cerrada en un época especial en la historia de Colombia.

La novela de Zapata está enfocada dentro de un cuadro sociológico innegable. Así lo determinó el profesor Morinigo —de manera general— al hablar de obras de tipo similar:

Así se origina, el desinterés expresivo, el éxito de la conjunción de lo representativo y de lo estético, y así la revelación literaria de una realidad como el más elevado estímulo para el retorno activo sobre ella, y no como objeto de estudio. En consecuencia, la realidad de esta literatura no es el realismo sino mensaje, consciencia, estímulo, programa clarificador, impostergable, del pragmatismo hispanoamericano.[4]

"LA CALLE 10"

La calle 10 (1962), es una novela donde la violencia se da como fruto del medio ambiente en donde se mueven sus personajes. La calle 10 es una calle ubicada en el perímetro urbano de la ciudad de Bogotá, capital de la República de Colombia. Esta calle se ha distinguido por

[4] Mariano Morinigo, *El tema de nuestra novela*, Buenos Aires, Ediciones de Cardón, 1966, p. 121.

ser el foco de hampones, mercaderes, bohemios, niños sin hogar, prostitutas y hasta perros hambrientos. Todos sus personajes pululan sin rumbo. Son seres desposeídos aun de lo más vital para la existencia los cuales se hallan marginados de toda consideración humana. El autor se enfrenta con este tema y concretiza el mismo con el tema novelado de la violencia tomando el bien conocido acontecimiento del "bogotazo", hecho acaecido el 9 de abril de 1948, a raíz del asesinato del líder liberal Jorge Eliécer Gaitán.

La novela se centra en la narración de los moradores del *Parque de los Mártires en Bogotá,* justamente en la calle 10, donde los niños sin techo duermen en las aceras de las casas y tan sólo se alimentan con cáscaras y residuos de comida que les prodigan las manos generosas. Allí vemos desfilar alcohólicos, vendedores ambulantes, atracadores y hasta animales hambrientos que contribuyen también al espectáculo de la miseria. Este sitio increíble en una sociedad del siglo xx no queda muy distante de los barrios de los acaudalados, llenos de *confort* y de extravagancias los que ignoran lo que ocurre en tan "pintoresco" parque de *Los Mártires* de la misma ciudad.

"Protesta, diatriba humana del estado infrahumano de la existencia de unos seres humanos, atrapados por la ignorancia, por la miseria, por la maldad, por la inmoralidad, por la vagabundería. Y fe en las posibilidades de reivindicación, de salvación de esos mismos seres, si son redimidos y alumbrados por palabras de solidaridad en el destino de los hombres, por el amor a nuestros semejantes, como en la enseñanza evangélica. Porque Zapata Olivella cree que no todo está perdido para las criaturas transitoriamente extraviadas.

"En el esquema casi gráfico de una persecución, en el retrato trazado en el aire, en las pinceladas sueltas del viento de una tragedia que flota y cautiva, se advierte la honda inquietud moral que acicatea el ánimo y la reflexión del novelista.

"La gradación de los hechos viene anotada en una gradación de incidencias: de lo sensible se pasa a lo mecánico, de lo intuitivo a lo racional. La disección de los personajes es descrita al amparo de una pequeña, casi visible cadena de reacciones humanas, habituales en las personas afectadas, por el enfoque visual y de indagación del novelista.

"Cualquiera de los personajes enredados en el laberinto de *La calle 10,* está siempre adscrita a una posibilidad de regeneración, a un punto de confluencia en el vértice de la propia vida. Las figuras cobran allí un vigor anímico visible y en el movimiento que describe en torno a la base de la acción, va perfilando una agonía espiritual, una desazón que las impele a buscar soporte en 'algo'. En algo próximo, en algo íntimo, en algo carne de su carne, y en las fibras y en los roces de su capacidad moral. Porque hay en ellas una actitud moral defendiéndose, a forcejeo, de los fantasmas de lo amoral que siembran de espanto su conciencia.

"Allí están esos seres, en *La calle 10,* en un mundo de fantasmas, de oscuras pasiones, de tembloroso drama humano. Allí están, en el miedo y en la noche, y en la luz que se enciende y apaga, y en las sombras largas y afiladas, llenos de angustia, envueltos en vahos, entre humos de miseria. Y allí, en el torbellino de lo negro, en la conjura de lo extraño, Zapata Olivella descorre el telón de aquellas vidas dolorosas y nos entrega, desnudas, a sus criaturas. A esas deformes y heridas debilidades que pueblan el mundo de lo amoral, a esas sucias heridas en la marcha hacia lo eterno." [5]

Dentro de este escenario que venimos mencionando las acciones personifican a sus protagonistas productos del medio. Los nombres de los personajes se conocen a través de sus sobrenombres. Así figuran el "Pelúo", que transita con un niño palúdico, Epaminondas, el eterno solterón, el pelirrojo Parmenio, padre de pordioseros y Remigia, prostituta profesional que llegó a ese extremo para dar de comer a su madre, "Sátiro", dueño de ínfima tienda, sitio donde se congregan los clientes del parque, Teresa, la gorda de la fonda y admiradora del poeta Tamayo, y el "Artista", personaje singular del escenario. Dos protagonistas se destacan: Rengifo, el ex soldado y Mamatoco, boxeador negro quien muere asesinado. Mamatoco dialoga con el poeta Tamayo sobre algunos aspectos tenebrosos, y él le responde: "Aquí tiene otro cuadro horripilante. Da náuseas verse rodeado de tanta podredumbre. Pero claro, los ricos no se dan cuenta de su obra, retirándose a vivir a sus palacios." [6] Otros diálogos similares se ven a menudo en la novela como este: "Todos los hijos del pueblo [exclamó el ex soldado] tenemos una misma madre: ¡la miseria! El amotinado contesta:

---

[5] José Clemente Bolaño, *La República,* 15 de septiembre de 1960, p. 5.
[6] Manuel Zapata Olivella, *La calle 10,* Bogotá, Editorial Casa de la Cultura, 1962, página 41.

Eso lo comprobé ayer. ¡Ahora tenemos que estar unidos más que nunca contra esos oligarcas que nos han traicionado!" [7]

División de la novela

La novela se divide en dos partes: la primera consta de cinco capítulos y la segunda de tres, distribuidos en 126 páginas. La primera parte denominada "Semilla" es el planteamiento de los personajes, y en la segunda titulada "Cosecha", aparecen las consecuencias presentadas en la parte inicial.

El primer capítulo da base al novelista para mostrar al lector la moral de la clase baja. Una frase condensa su significado y sirve para dar apertura a la problemática: "Saturnina fue tan pura, que prefirió morirse de hambre antes que robar." [8]

El tema del hambre, de la miseria, del sufrimiento de los moradores de la calle 10, gira a través de una línea sostenida desde el principio hasta el fin de la novela. Esta temática frecuente estimula la futura insurrección de los personajes que viven marginados de la sociedad. El hambre, el frío inclemente, la infamia, los tornará malvados, insensibles, hasta llevarlos hacia la insurrección con los poderosos. Veamos el siguiente párrafo:

"¡A esta vieja la mataron! ¡Cómo son de brutos esos indios, Dios mío! [9]

Y luego agrega:

"Recordó [el Pelúo] que en su juventud hizo muchos ataúdes allá en ese pueblo cuando fuera ayudante de carpintería. Unos lujosos para los ricos y otros toscos y pelados para los pobres." [10]

Una manifestación de humildad, de resignación presenta este capítulo donde el ex carpintero "Pelúo" sube una inclinada pendiente bajo un sol ardiente con su entierro al hombro mientras su hijo tuberculoso sigue sus pasos envuelto en la fiebre.

El "Pelúo" no protesta por el infortunio. Lleva consigo la resignación característica de las personas pobres. Lo único que precisa es

[7] *Op. cit.*, p. 123.
[8] *Op. cit.*, p. 8.
[9] *Op. cit.*, p. 8.
[10] *Op. cit.*, p. 13.

procurarse un ataúd para sepultar a su esposa y aunque esto es difícil, la fe no escapa de un rostro mojado por las lágrimas.

El hijo somnoliento buscaba todavía el calor de la madre. Lo retiró con delicadeza y se puso a envolver el cadáver. Estaba frío y resbaladizo como estatua de sal. Sudó mucho tratando de suavizarle las coyunturas, hasta que pudo enrollarlo en los papeles valiéndose de la cuerda con que ataba sus cargas.

—¡Froilán!

Restregándose los párpados entumecidos lloriqueó:

—¡Mamá! ¡Mamá!

—¡Levántate, hijo, vamos a enterrarla!

—¡Vamos!

Y la palabra le despertó la tos. El padre pudo con gran esfuerzo acomodarse el cadáver sobre la espalda, sujetando el canto libre de la cuerda en torno a su frente. En su vida de cargador jamás un bulto le había pesado tanto. Su mujer que en vida apenas sumaba unas libras, muerta, sobre sus espaldas, aventajaba el peso de su propio infortunio. En los cristales mojados de sus ojos se reflejaba la calle sembrada de sombras escurridizas.[11]

Así el novelista va dibujando gradualmente los síntomas de la rebelión. La tónica novelada siempre está bajo la continua protesta social. Seres humanos y animales en ocasiones forman línea paralela con la de los hombres en la lucha por la supervivencia. Existe un marcado paralelismo entre el hambre de los hombres y la de los perros. Ambos se mueven tras una lucha implacable por obtener un hueso o un pedazo de carne.

"Froilán lo seguía sudoroso, arrastrado de la mano. La fiebre le abrigaba mucho más que el calor de la madre cuando lo acunaba bajo la ruana. Miró el suelo y advirtió que a todo lo largo de la calle grandes manchas de sangre mojaban la acera. Apenas si reparó en ellas. Un perro negro las lamía con su lengua áspera. Exasperado por su olor, el animal corrió hacia la carnicería. Los huesos y las carnes colgaban de altos garfios, goteando sangre. La boca se le llenó de saliva espesa. Sombras escuálidas se deslizaban silenciosas contra los muros, por debajo de las mesas, huidizas, evitando el encuentro de los carniceros. Le disputarían hasta la más pequeña astilla de hueso. No era fácil luchar

[11] *Op. cit.,* pp. 13 y 14.

con sus congéneres, y, además, los hombres mismos también llegaban en plan de rapiña." [12]

La miseria toca el camino de la iglesia. Hay personajes en la novela que van en busca de la oración a fin de vencer la urgencia de sus estómagos vacíos, otros en cambio van en busca de algo que pueda solucionarles algún beneficio material inmediato para sus precarias necesidades. Es el caso del "Profeta", quien penetra a la iglesia de Santa Inés en la cual roba un crucifijo en el templo descolgándolo del brazo de una beata. Luego va a la taberna ansioso de emborracharse.

"El 'Profeta' se dio a la tarea de escrutar con minuciosidad a su alrededor. Muy cerca, un infeliz gemía besando el suelo. Más allá, disgregados por los rincones y en las bancas, uno que otro anacoreta se esforzaba en olvidar su hambre por el milagro de la oración. Volvió de nuevo a concentrar su atención sobre la beata que tenía cerca, hasta descubrir el crucifijo de oro macizo que colgaba de su brazo. Disimuló sus pasos de rodilla. El silencio de la iglesia era alterado sólo por el retumbar del tranvía o el pregón del vendedor de periódicos apostado en la esquina. Aquellos ruidos le satisfacían. Dejó de mesarse la barba larga y chamuscada por el tabaco. Ya sus dedos tocaban el crucifijo de oro, cuando un ruido metálico le hizo recoger la mano y volver sus ojos a la caja de las limosnas, donde alguien depositaba varias monedas. Balbuceó algunos nombres y sin interrumpir la devota plegaria de la beata en penitencia, desprendió con unos cortafríos el crucifijo. Pronto los garfios de su mano lo hicieron desaparecer bajo sus ropas y con igual religiosidad, persignándose y doblegándose frente a la imagen de Santa Inés, se deslizó por detrás de las columnas." [13]

Empero, en el "Profeta" hay una lucha en su conciencia en donde se arrepiente del acto vulgar llevado por su condición de hombre paupérrimo que lo ha llevado a tal hecho. Veamos un diálogo entre el pecador y Tomasa la ventera del alcohol.

—¡Que Dios me perdone!
—¡Tarde te vas a arrepentir! —rió Tomasa la obesa ventera que no se había dejado aniquilar por sus años de dura lucha. Al verla esgrimir el punzón con que sacaba las presas del caldero, el "Profeta" recordó la estampa del diablo en los infiernos que le tenían prometido. Se apesa-

[12] Op. cit., p. 14.
[13] Op. cit., pp. 35-36.

dumbró un poco, pero sólo hasta cuando volvió a manosear el crucifijo de oro. Por aquella prenda le darían muchos pesos que facilitarían su tránsito por la vida.

—¡En el cielo se arreglarán las cuentas!

—¡En el infierno, querrás decir!

—Entonces, sírveme otra totuma de chicha, pues creo que allá no la vendan.[14]

Irónicamente Zapata Olivella coloca los nombres a sus personajes. Cada uno de ellos representa un grupo social. El nombre caracteriza al personaje y a un núcleo de la colectividad en la cual se mueve y a su vez distingue su función.

Uno de los personajes centrales que encarnan la revolución en la novela es *Mamatoco,* hombre surgido de los bajos fondos de un ambiente de boxeadores y que llega en este momento, en virtud de las circunstancias a convertirse en periodista de combate, de grandes inquietudes sociales que resalta en el reducido escenario de la calle 10. El "Poeta" se halla junto a Mamatoco en la lucha revolucionaria a través del órgano publicitario *La Voz del Pueblo,* que se convierte en la esperanza de aquel conglomerado miserable de la ciudad.

—En el callejón hay un caso abominable que debe ser denunciado por nuestro periódico: ¡una madre comercia con el sexo de su hija adolescente!

La voz le temblaba como si las palabras le quemaran los labios.

—¿Y quien te ha contado eso? —replicó "Mamatoco" desde el fondo de la chichería, donde alimentaba con pezuñas de cerdo sus cuajadas espaldas de boxeador. También le fibrilaban los labios, pero no de indignación, sino por el aguardiente que sofocaba su exuberante anatomía de negro.

—¡Nadie me lo ha dicho! ¡Acabo de verlo con mis propios ojos! Malhumorado, el poeta recogió las hojas de papel de la mesa, con tanta precipitud que algunas rodaron a las aguas sucias de la calle.

—¡Mira lo que has hecho! —gritó "Mamatoco", recogiéndolas—. Has emporcado el material de la próxima edición de la "La Voz del Pueblo".[15]

Mamatoco vive esta escena en el fondo de una pieza mugrienta, de

[14] *Op. cit.,* pp. 36-37.
[15] *Op. cit.,* p. 37.

donde sale el deseo de ayudar desde cualquier ángulo a esa gente que lleva una vida infrahumana en la calle 10.

La problemática es fácil de distinguir en la novela: la lucha de clases a través del enfrentamiento de dos polos antagónicos que rigen la acción: la miseria, la opresión social, la infamia y el deseo de libertad. Cada personaje que quiere liberarse cuando hay alguna esperanza encuentra la muerte trágica. Así Mamatoco termina su existencia:

> La gente corría y se apilonaba a un lado de la calle, disputándose por ver a "Mamatoco" en su lecho de muerte. Veintiséis puñaladas habían vaciado su sangre. Muy serios, como buitres, tres policías vigilaban el cadáver. Eran impotentes ante la peregrinación de los habitantes de la calle 10. Las verduleras, olvidadas de sus bultos, comenzaron a elevar la plegaria de sus insultos:
> —¡Malditos sean los asesinos!
> —¡Como no podían matar a todo el pueblo, han cortado su lengua!
> Los policías se afanaban por romper el cerco humano cada vez más numeroso, cada vez más amenazante.
> —¡Circulen! ¡Circulen! [16]

La calle 10 es una novela donde la violencia se refleja en todas partes. La miseria, la explotación, la injusticia social y la infamia va fertilizando esa violencia hasta que se convierte en grito revolucionario. Quizá esta sea la razón para que el autor finalice su obra con las siguientes líneas:

"Rengifo descolgó el fusil de su hombro y trató de romperlo contra el suelo, pero el poeta se lo impidió con ambas manos.

—'¡Guárdelo, hermano, mañana, muy pronto, lo necesitaremos!' " [17]

"DETRÁS DEL ROSTRO"

> Quienquiera que recibiere este niño en mi Nombre, a Mí me recibe.
>
> SAN LUCAS, cap. 9, 48.

Detrás del rostro (1963), es una novela que continúa la línea de denuncia social del autor. La obra se centra en la vida del "Gamín"

[16] *Op. cit.*, pp. 78-79.
[17] *Op. cit.*, p. 126.

fruto de la violencia. El protagonista principal, un niño huérfano quien ha sido recogido por una familia bogotana cuyos padres fueron asesinados en el área rural colombiana a raíz de la llamada época de violencia en Colombia. El niño llega a convertirse en "Gamín" empujado por la situación económica y se lanza a la calle. Las cosas cambian para el niño, que se tornan amargas y propicias para el crimen del futuro adolescente. El propósito del novelista es explicar la responsabilidad colectiva acerca del problema del niño desamparado. Veamos una aguda observación al respecto:

La intención al escribir este libro fue señalar cómo el aparente aislamiento de la sociedad de un huérfano, repercute en la vida de una serie de personas ubicadas en diferentes estratos sociales. Plantear, en resumen, que nadie tiene en la vida del gamín o mejor dicho del niño callejero que ocasionalmente nos pide una limosna, nos hiere con un guijarro o nos afrenta a un homicidio involuntario. Si el lector, al cerrar las páginas del libro, ha cambiado su indolencia por una actitud de combate contra las causas de esta orfandad infantil, me considero afortunado. Aunque es una obra que recoge mis últimas inquietudes literarias, más la aprecio como una contribución del médico que aspira a ayudar a resolver una enfermedad social.[18]

La historia narrada en la novela quizá parte de una experiencia directa del autor. Zapata Olivella fue médico en un hospital para atender casos similares al de la obra, en el cual se daban hechos frecuentes como el que nos relata del niño de los diferentes nombres, protagonista central de *Detrás del rostro*. El autor coloca a manera de epígrafe en la novela la siguiente observación:

Si en la búsqueda de los temas de la violencia el escritor dejara de observar por un instante los crímenes y los incendios, para iniciar la novela por el final y no por el comienzo, encontraría a más de un protagonista en vidas sin nombre, la de huérfanos y vagabundos. Cuando el médico, impedido por su limitada labor terapéutica, se ve obligado a dar de alta a un niño contaminado, quisiera dejar el formulario para seguirle los pasos con la observación del novelista. Pero algunas de esas páginas ya escritas desalientan al escritor como médico. El conocimiento de un

18 Gloria Pachón Castro, "El drama de la niñez, víctima de la violencia", en: *El Tiempo,* 11 de octubre de 1964, sección de lecturas dominicales, p. 7.

Juan Evangelista de Pereira o de un Rafael de Bogotá, personajes de carne y hueso que claman una posibilidad de salvación, inhibe a la mente de encontrarse en un relato de ficción, cuando se sabe que la realidad palpable es la que gobierna la pluma y ordena escribir los capítulos que jamás soñó el más creativo de los autores.[19]

Por tal razón, Zapata Olivella considera que *Detrás del rostro* pertenece al grupo de novelas de la violencia colombiana. El novelista nos presenta un cuadro de la vida real cotidiana en su profesión médica la que ya nos intuye un desenlace de violencia. La violencia como tal, aparece posteriormente cuando nos describe el entierro de los campesinos muertos por efectos de la violencia. Veamos lo siguiente:

Doctor Guzmán —sus palabras se humedecían— usted no lo comprende... No está en París... Hubiera querido discutir con usted. Entiendo sus puntos de vista, personalmente me identifico con su gesto cristiano y cautivo, pero esos muertos deben ser enterrados en el mayor silencio o el Gobierno no garantiza su vida y la de su familia.[20]

La novela describe minuciosamente cómo una familia bogotana recoge a un niño huérfano cuyos padres murieron asesinados en el campo por causa de la violencia política. Vive algún tiempo con la familia pero luego se ve forzado a abandonar la casa de sus protectores por una serie de problemas psicológicos del matrimonio. Se lanza a la calle a engrosar el número de centenares de niños que duermen en los andenes de las ricas mansiones de la ciudad. Se le conoce en el ambiente por varios nombres; para unos es Jesús, para otros Estanislao, para otros Gil o Ponciano. Llevan un herido al hospital de un tiro en la cabeza que tiene todas las características del niño de los cuatro nombres. Veamos la siguiente descripción:

¡Ah!... Vaya a saber cuál es su verdadero nombre. Ni bautizado será. A mí me dijo que se llamaba Jesús..., pero todos lo conocen por Estanislao.
—También sabe usted que lo llamaban así.
—Yo... Yo no sé nada. En el hospital... ¡Ah! ahora recuerdo, fue allá donde lo vi esta mañana.

[19] Manuel Zapata Olivella, *Detrás del rostro*, Aguilar, Madrid, 1963, página preliminar.
[20] *Op. cit.*, p. 61.

—¿Por qué fue a verlo?

—Porque me lo aconsejó el cura.

—¿Qué cura?

—Mi confesor. Es que le administró la Extremaunción. A propósito. ¿Cómo le iría en la operación? No he podido volver.

—Le extrajeron la bala.

— Dios milagroso! Entonces ¿ya no se muere?

—No se sabe. Dígame: ¿Quién le dio el tiro?

—Virgen Santa ¡Qué voy a saber yo eso! Me enteré por la fotografía que publicaron los periódicos.[21]

Detrás del rostro es una novela donde se denuncia la tragedia que corren los "hijos de nadie" que deambulan día y noche por la ciudad. Estos niños que están expuestos a todo peligro, la sociedad los ignora con una increíble insensibilidad. Mientras los niños hijos de los afortunados del dinero de la ciudad disfrutan del *confort* exorbitante, los huérfanos, a quienes se les denomina "gamines", duermen a la intemperie y se alimentan de cáscaras o lo que alguna mano generosa les quiera prodigar. Los niños cuando llegan a la adolescencia son víctimas de las aberraciones de las personas sin conciencia, bien en el medio urbano o en las cárceles a donde a la postre van a parar. Veamos un informe de las instituciones a donde llevan los menores como cárcel infantil.

Marzo 3, de 1961. Ponciano Peñaranda. Dice no saber su edad. Aproximadamente quince años. Púber. De Bogotá. Acusado de robo. Reconoce haber cambiado un frasco de perfume por un par de medias para regalárselo a su madre. Condenado a tres meses de cárcel. Se queja de que los reclusos mayores lo despojaron de zapatos y de la chaqueta. Lo han traído cargando otros compañeros porque no puede andar. Llora desconsoladamente. Se niega a mostrar las lesiones que tiene en el ano. Evidencia terror. A mis preguntas sobre quién abusó de él, se tapa el rostro y gime. El guardián informa que no quiere comer. Permanece acurrucado en los rincones y da gritos cuando alguien se le acerca. Al llegar la noche intensifica su llanto y se niega a retirarse del rincón alumbrado por la bombilla eléctrica del patio. Se siente autodespreciativo, pesimista, infeliz. Tiene propensión al aislamiento y al negativismo. No puedo prescribirle antibióticos para prevenir una posible blenorragia

---

[21] *Op. cit.*, pp. 46-47.

anal, porque no hay drogas en el botiquín de la Alcaldía. Pienso traerle alguna medicina. Lo elijo para sesión psicoanalítica en la próxima consulta.[22]

Detrás del rostro describe dramáticamente la prisión infantil y el carácter de los carceleros en las instituciones oficiales de Colombia. A su vez nos señala el escritor por medio de los casos descritos, cómo deberían ser instituidos y regidos planteles dedicados para tal fin.

La novela une dos narraciones que se complementan: *a*) la violencia en los campos, y *b*) la violencia ejercida contra los infelices niños que se hallan recluidos en los planteles dedicados a la protección y readaptación de la niñez que requiere tratamiento psíquico-moral.

Veamos un pasaje de la violencia en el campo:

—Le habla el inspector, doctor Guzmán. Aquí en mi oficina se encuentra un campesino con dos hijos. Dice que la pequeña, de unos siete años, se llama Otilia. El mayor, Angelino, es idéntico a Estanislao. El padre dice que son mellizos. Busca el otro porque su cadáver apareció después de que mataron al resto de su familia en el Tolima. Traen la fotografía que apareció en el periódico. Afirma que es la de su hijo extraviado. ¿Usted cree que esto sea posible? [23]

En la segunda parte de la novela nos presenta el novelista una serie de soliloquios, diálogos y monólogos del doctor Jaúregui, médico encargado de uno de estos planteles. La novela contiene diferentes conceptos del psicoanálisis y a su vez nos da a entender cuál debe ser la conducta de un médico dedicado a esta especialidad.

También Zapata Olivella presenta los abusos cometidos por las autoridades que se hallan a cargo de las instituciones para la protección de menores de edad que han llegado allí por las circunstancias ya planteadas por el novelista. Allí vemos la acción del policía, llamado en la obra "el inspector", hombre sin caridad y completamente deshumanizado. "El inspector" que personifica la conducta de la policía carcelaria colombiana, los enmarca el novelista en personas que en cuanto a la manera de interpretar la función se hallan en pleno siglo XIX o quizá antes. La teoría del autor es la de que no hay delitos sino delincuentes, por lo tanto se debe analizar ampliamente el caso de toda

[22] *Detrás del rostro, op. cit.,* pp. 116-117.
[23] *Op. cit.,* p. 160.

persona que haya delinquido; así lo anota uno de los personajes de la novela: el doctor Jaúregui quien desea hacer comprender tanto al policía como al juez de la *Casa de menores*. Personaje central es el niño Estanislao quien fue llevado a un centro de reclusión por el solo hecho de tomar un frasco de perfume para su madre. La situación de las cárceles para menores de edad, nos la presenta el novelista como una crítica severa contra uno de los problemas más dolorosos que afronta hoy la sociedad latinoamericana.

El conjunto de lo anterior, no es sino una muestra en relación con "el adolescente haraposo, encogido, tirado en el suelo"; en otros conceptos, el "gamín" o pelafustán, una vida promisoria, frustrada "con un proyectil en la cabeza", forma parte de una trama ágil, novedosa, madura, reveladora de la reciedumbre del escritor existente en Manuel Zapata Olivella.

El lenguaje médico, así como el del psicoanalizador se descubre allí con verdadera maestría, no en forma aparente sino abiertamente franco, a la altura de un ser humano como Zapata. En ningún momento este médico-escritor se encumbró con un estilo rebuscado o doctoral, como le corresponde por su profesión, sino que escudriñó en su vastísima cultura, el lenguaje más adaptado para transmitir ese mensaje a la sociedad, y según se puede juzgar, no hay duda que utilizó muy bien el idioma de Castilla. El premio de la *Esso* lo manifiesta rotundamente y en muy económico romance.

El empeño o la idea en sí de Manuel Zapata Olivella con *Detrás del rostro* no era simple novelar. Hay otra cosa, un objetivo fundamental entre los planteados allí. Más concretamente, el hallado en las palabras iniciales del libro: "Si en la búsqueda de los temas de la violencia el escritor dejara de observar por un instante los crímenes y los incendios, para iniciar la novela por el final y no por el comienzo, encontraría a más de un protagonista en vida y sin nombre". Pero se puede avistar algo más, descorrer la cortina de una ley impasible, culpable hasta la saciedad de un montón de complejos de nuestra sociedad. La profanación de menores de edad en las correccionales, en manos de verdaderos bellacos en círculo para pervertir al niño incauto caído por desgracia en esas casonas para ochenta chiquillos, pero en donde generalmente hay más de doscientos, es una denuncia que merece especial observación.[24]

[24] Rubén Ruiz Camacho, "Detrás del rostro", en BCB, VII, núm. 2, 1965, Bogotá, Colombia, pp. 105-106.

ÁLVARO CEPEDA SAMUDIO

Álvaro Cepeda Samudio (Barranquilla, Colombia, 1926-1972). Cursó estudios en Barranquilla y en la Columbia University de Nueva York. Periodista profesional, colaboró en diferentes periódicos colombianos entre ellos el *Diario del Caribe* y *El Nacional* en Barranquilla, Colombia. En 1954 publicó su primer libro de cuentos titulado *Todos estábamos a la espera,* y en 1962 publicó su primera novela: *La casa grande.*

"LA CASA GRANDE"

La casa grande,[1] tiene por tema dominante la *Huelga de las bananeras* (1928-1929), triste historia de los acontecimientos que se desarrollaron en la zona bananera del Departamento del Magdalena del 13 de noviembre de 1928 al 15 de marzo de 1929, cuando los obreros de la grande compañía United Fruit Company con no menos de 30 mil trabajadores se declararon en huelga alegando la injusticia de las condiciones de trabajo infrahumano. La represión no se hizo esperar por parte del ejército colombiano amparando los intereses de la compañía. La represión brutal e inhumana segó centenares de vidas como lo afirma un cable enviado al Secretario de Estado de los Estados Unidos por el Encargado Diplomático de dicho país en Colombia.[2]

La tradición oral habla de miles de trabajadores asesinados, mientras que los informes oficiales aseguran que las víctimas no pasaron de nueve.[3] En rotunda oposición a los informes oficiales rendidos sobre la tragedia de los huelguistas de la United Fruit Company, se encuentra la denuncia de los hechos, efectuada en la Cámara de Representantes por el penalista Jorge Eliécer Gaitán, quien tras una minuciosa investigación sobre la tragedia, contradice categóricamente la versión del general Vargas Cortés.[4]

[1] Álvaro Cepeda Samudio, *La casa grande,* Plaza & Janés, S. A. Editores, Barcelona, 1974.

[2] La parte principal del telegrama dice: "... tengo el honor de informar que el representante de la United Fruit Company me dijo ayer que el número total de huelguistas muertos por el ejército colombiano excede de mil", *El Espectador Dominical,* Bogotá, junio 25, 1972, p. 7.

[3] Carlos Cortés Vargas, *Los sucesos de las bananeras,* Editorial Desarrollo, Bogotá, 1979, p. 91.

[4] Refiriéndose al estado de embriaguez del general Vargas Cortés en el día de la

Aún no se ha logrado saber exactamente el número de muertes ocurridas al abrir fuego el ejército contra los huelguistas. Gabriel García Márquez en *Cien años de soledad* considera que fueron alrededor de tres mil. Tovar Mozo en *Zig Zag en las bananeras* calcula el mismo número de víctimas. Así el conflicto laboral entre obreros y la United Fruit Company llega "hasta desembocar en la tragedia de 1928 que

tragedia, afirma el representante Jorge Eliécer Gaitán ante la Cámara de Representantes: "Luego este hombre, borracho, permanece esperando en el cuartel hasta la una y media de la madrugada del día 6 a que los obreros estuvieran dormidos. Entonces atraviesa la mitad de la ciudad. Va desde los cuarteles hasta la estación del ferrocarril. Es pues mentiroso que hubiera ningún peligro para el cuartel como en un principio quiso decirlo. Aquí está el plano de Ciénaga que demuestra la distancia que hay de la estación al cuartel, o sea de más de seis cuadras de distancia. Llega allí y encuentra dormida a la multitud y tan absolutamente pacífica, que al oírse la lectura del Decreto sólo produjo el grito de ¡Viva Colombia! ¡Viva el ejército! Están aquí los mismos telegramas de Cortés Vargas que prueban que la multitud no cometió ningún acto de agresión sino que permaneció impasible. Cortés Vargas dice que los obreros no creían que el ejército disparara. Y eso sí es verdad. No creían, porque este hombre felón, en el día anterior, conforme a este documento que presento, había jurado a los obreros en nombre de la patria que mientras estuviera él allí no se dispararía contra la muchedumbre. Pero llega esa noche con el ejército; lee a los huelguistas dormidos el decreto; los pocos que están despiertos lanzan su grito de ¡Viva Colombia! y este hombre inmisericorde y cruel, sólo tiene para aquel grito una respuesta, la de "¡Fuego!" Empiezan a disparar las ametralladoras, después los fusiles y en cinco minutos la tragedia queda consumada. Muchas vidas, cientos de vidas caen bajo la metralla asesina. La orden la había dado un hombre ebrio. Pero no bastaba eso. No se conforma con haber asesinado a tantos inocentes y ordena la persecución. Carga la tropa a bayoneta calada sobre la multitud vencida, sobre los seres que en el sueño lanzan ayes y allí se suceden cuadros de horror increíble. Los heridos son rematados con bayoneta. Ni el llanto, ni la imploración, ni el correr de la sangre conmueven a estas hienas humanas. Bayoneta para los moribundos. Despiadado horror ¡No sé por qué la Divina Providencia no abrió la tierra bajo las plantas de estos monstruos para tragárselos vivos!

"Los muertos son luego transportados en camiones para arrojarlos al mar y otros enterrados en fosas previamente abiertas. Pero digo mal: se entierra no solamente a los muertos, se entierra también a los heridos. Son vanas sus imploraciones de que no se les entierre vivos. Estos monstruos ebrios de sangre no tienen compasión; para ellos la humanidad no existe. Existe sólo la necesidad de complacer al oro americano. Pero a mí no me gusta hacer afirmaciones sin pruebas, y aquí están las pruebas de la horrible tragedia. Ayer os leí la primera parte de la carta del señor Benjamín. Escuchad la segunda parte y otros testimonios. (Da lectura a más de diez declaraciones juramentadas que comprueban que después de gritar los huelguistas ¡Viva Colombia!, se produjo el abaleo; que muchos heridos fueron ultimados en el suelo a bayonetazos, como lo confirmaron las heridas que presentaban los cadáveres; que Cortés Vargas se indignó con los soldados cuando le llevaron a los hermanos Izquierdo prisioneros y ordenó devolverlos a la Estación y aplicarles la ley de fuga, es decir fusilarlos; que no medió divide en dos la historia de esta rica región colombiana''.[5] *La zona bananera* está constituida por los municipios de Aracataca, Ciénaga y Pueblo Viejo, en el Departamento del Magdalena, zona que se hallaba sembrada de banano. "El cultivo del banano llegó a ocupar, en la época que prevaleció la variedad Gros Michel, una extensión de 19 848 hectáreas." [6]

La acción de la novela se desarrolla en la zona bananera del Departamento del Magdalena cuando los soldados del ejército se disponen a reprimir la huelga de obreros que pedían condiciones más humanas en su trabajo. Reclamaban un seguro colectivo obligatorio para empleados y obreros de la compañía, descanso dominical, aumento de los jornales, mejores servicios médicos y de habitaciones para el personal obrero, cesación de pagos de salarios y de préstamos por medio de vales, pues se les pagaba a los obreros en la misma forma que en las famosas *Tiendas de Raya* que conoce la historia en la época colonial de la América Hispana, donde indios, mulatos y mestizos recibían el pago de su jornal por medio de vales que sólo podían usarse para comprar en tales instituciones. La represión oficial se torna brutal, inhumana y cruel, sin dar pie a que los huelguistas planteen sus peticiones. Los soldados respaldando la acción de la compañía dispararon sin compasión sus fusiles y ametralladoras y como resultado murieron los que reclamaban condiciones más humanas de trabajo. Así el autor de *La casa grande* inserta en la novela un capítulo que lleva por título "El decreto", que dice lo que sigue en la parte pertinente:

Artículo 1º Declárase cuadrilla de malhechores a los revoltosos, incendiarios y asesinos que pululan en la actualidad en la zona bananera.

ningún tiempo entre las vivas y el abaleo; que en el momento de éste Cortés Vargas y otros oficiales estaban vestidos de civil y completamente embriagados; que entre las gentes que dormían en los carros del Ferrocarril había numerosas mujeres entregadas al sueño, con los hijos en brazos; que en el momento de producirse los disparos fue apagada la luz que iluminaba los patios de la Estación; que en esa misma noche movieron numerosos cadáveres en camión y los arrojaron al mar y a un zanjón previamente abierto; que en esa forma fueron enterrados también muchos heridos con vida y las demás afirmaciones hechas por el orador.)"

(Cita tomada del libro *Las mejores oraciones de Gaitán. Debate de las bananeras*, Editorial Jorvi, Bogotá, Colombia, 2da. ed., sin fecha, pp. 55-56.)

[5] Roberto Herrera Soto-Rafael Romero Castañeda, *La zona bananera del Magdalena*, Instituto Caro y Cuervo, Bogotá, Colombia, 1979, p. X.

[6] *Op. cit.*, p. 1.

—Artículo 2º Los dirigentes, azuzadores, cómplices, auxiliadores y encubridores deben ser perseguidos y reducidos a prisión para exigirles la responsabilidad del caso.

Artículo 3º Los hombres de la fuerza pública quedan facultados para *castigar por las armas* a aquellos que se sorprenda *in fraganti* deliito de incendio, saqueo y ataque a mano armada y en una palabra son los encargados de cumplir este Decreto.

El jefe Civil y Militar de la provincia de Santa Marta.

Carlos Cortés Vargas.
General.
Mayor Enrique García Isaza.
Secretario.[7]

A partir de los acontecimientos expuestos, el autor escribe su novela, obra dividida en diez capítulos en los cuales nos muestra la situación no bajo formas documentales externas, sino tras las implicaciones del problema. Los diez capítulos marcan en diferentes formas el aspecto dominante de la narración: la represión brutal de la huelga. Cada capítulo tiene su propio narrador o narradores, su propia perspectiva y una completa autonomía desligada de las otras partes. El argumento no sigue la técnica lineal de la narrativa tradicional sino que toma las características de la narrativa de Faulkner, Wolf y Joyce.

El fin principal de Cepeda Samudio consiste en presentar el hecho como efecto colectivo. El novelista nos entrega una visión totalizadora de los hechos por parte de los diferentes narradores que a su vez se vieron envueltos en la tragedia, directa o indirectamente. Así el autor nos da diferentes puntos de vista en diferentes perspectivas temporales. El relato se estructura bajo fragmentos diferentes que se van uniendo entre sí dando cuerpo a la novela a través de diversos fragmentos o de los diálogos de los narradores dándonos así la idea central de cada una de las varias secciones haciéndose posible dilucidar la realidad a través del fluir de la conciencia de los personajes.

Dos planos centrales marcan el proceso novelado: *a)* el drama individual, y *b)* el drama colectivo. Ambos planos funcionan a través del contrapunto de las familias y de la sociedad. Es importante señalar que el ámbito narrativo se marca por el dominio simbólico que con-

[7] *La casa grande, op. cit.,* pp. 88-89.

lleva a determinado medio que la sociedad representa. Cada personaje resalta por sus características psíquicas primordiales, características que marcan una serie de arquetipos que a su vez responden para crear un mito de dimensiones temporales y universales. "El mito preserva y transmite el paradigma, los modelos ejemplares, por toda la responsabilidad de las actividades en el cual los hombres están comprometidos. En virtud de estos modelos paradigmáticos revelados a los hombres en tiempos míticos, el Cosmos y la sociedad son periódicamente regenerados. Más tarde en este libro yo discuto los efectos que esta fiel reproducción de paradigmas y esta repetición ritual de eventos míticos tendrá sobre la ideología religiosa de la gente arcaica. No es difícil de entender por qué tal ideología lo hace imposible para que nosotros hoy llamemos una 'conciencia histórica' que debería desarrollarse." [8]

El argumento gira artísticamente tras las tensiones causadas por una familia atormentada por el odio. En el seno de la familia se contraponen dos polos en pugna permanente: la lucha entre lo tradicional y el deseo de renovación y libertad de pensamiento donde se da el aspecto de rebelión y de esperanza a la vez. En pocas palabras se enfrentan los dos mitos conocidos a través de la historia: el tradicional conservador y el elemento liberal y renovador.

El padre, al cual se refieren con el nombre de *El Padre,* es elemento tradicional, feudalista y prototipo del terrateniente latinoamericano, el cual ejerce un dominio imperativo sobre la familia y la sociedad por medio del temor. *La Hermana* y *el Hermano,* constituyen el polo opuesto los que representan el deseo de transformación, de reivindicación y quizá de rebelión. Por tal razón *el Hermano* se une al movimiento laboral de los huelguistas de la compañía United Fruit en la zona bananera, señalando así el autor la marcada oposición a la norma tradicional del *Padre.* Veamos cómo describe el autor al *Padre:*

> Cuando habla la voz del Padre será áspera, autoritaria, hecha de dar órdenes siempre. No hay ternura en el Padre. Pero tampoco hay torpeza. Es implacable pero no hay venganza ni amargura en él. Es naturalmente duro como el guayacán.
>
> Las manos del Padre son delgadas y tal vez finas, pero sus caricias deben ser dolorosas y deben asombrar.[9]

---

[8] Eliade Mircea, *The Myth on the Eternal Return,* Princeton University, Princeton, N. J., 1965, p. XIV.

[9] *La casa grande, op. cit.,* pp. 63-64.

La hija mayor del *Padre*, propietario de grandes tierras sembradas de banano, ejerce un dominio sobre la familia y la colectividad del villorrio que convierte en personajes mecánicos a su servicio. Así lo intuye el autor cuando dice:

La muchacha empuja una hoja de la puerta y éstas se abren como si hubieran estado cerradas a presión; entra, las hace coincidir cuidadosamente y las cierra con las dos manos; coge la tranca y la coloca sobre sus ganchos bloqueando la puerta. La muchacha va hacia el Padre, que no la ha mirado todavía, se agacha frente a él y comienza a desabotonarle las polainas que quedan paradas a cada lado de la silla como dos rollos gruesos y oscuros.

Todos los movimientos de la muchacha son mecánicos, como aprendidos hace mucho tiempo y practicados muy frecuentemente. La muchacha comienza a destrenzar los cordones de las botas sin levantar la cabeza.

El Padre: ¿Dónde estaban?

La Muchacha: En la tienda.

El Padre: ¿Qué fuiste a hacer?

La Muchacha: a comprar.

El Padre: ¿Por qué no fue tu madre?

La Muchacha: Está en el río. No sabíamos que usted venía hoy: hacía días que no venía.

El Padre: He dicho que no salgas de la casa.

La Muchacha: Yo no salgo; es que no creía que usted venía hoy.

La muchacha embute las medias dentro de las botas y las coloca ordenadamente al lado de una polaina, se levanta y queda frente al Padre, entre los pies descalzos del Padre, esperando el próximo movimiento conocido. El Padre se suelta la correa delgada que sostiene la cartuchera con el revólver, un poco más abajo de la correa ancha de doble hilera de huecos para la hebilla de dos ganchos que sostiene los pantalones, y se la entrega a la muchacha. La muchacha engancha nuevamente el canto de la correa en la hebilla y coloca la punta en la abertura en uno de los clavos grandes que hay clavados contra el último travesaño de la puerta.

La Muchacha: Yo creía que usted no venía hoy porque como le mandaron razón.

El Padre: Por eso vine por la razón.

La Muchacha: La razón era para que no viniera.

El Padre: sí.

La muchacha se ha dado vuelta y mira al Padre, por primera vez de frente y con la cabeza erguida. El Padre está ya en pie y camina hacia la cama quitándose la camisa gruesa de kaki.

La Muchacha: Yo no salí a comprar.

El Padre ha terminado de quitarse la camisa y la muchacha va hacia él para cogerla y volverse y caminar nuevamente los pocos pasos hasta la puerta para colgarla mecánica y cuidadosamente. Todavía de espaldas al Padre que ya ha comenzado a desvestirse de la franela blanca de mangas largas y de cuello redondo, la muchacha repite:

La Muchacha: Yo no salí a comprar.

El Padre: A qué entonces.

La Muchacha: A oír.[10]

Dentro del plano exterior a la casa grande, nos encontramos con un mundo en constante pugna, lleno de rencores, odios y venganzas, al igual que la opresión ejercida en contra de los trabajadores de la compañía y sus familias. Los trabajadores ante la situación apremiante económica, ante las precarias condiciones en el trabajo se lanzan a la huelga. Los obreros de la compañía reclamaban que no se les obligase a cortar y embarcar banano los domingos, de la insalubridad de las viviendas, y además pedían que se les pagara en dinero efectivo y no en vales que sólo servían para comprar en los comisariatos de la United Fruit Company a los precios que ellos quisieran colocar. Así en noviembre de 1928 estalló la huelga en la zona bananera del Magdalena. Los puntos pertinentes del pliego de peticiones a la compañía eran los siguientes:

El establecimiento del seguro colectivo obligatorio para todos los obreros y empleados de la empresa, de acuerdo con las leyes 37 de 1921 y 32 de 1922;

2º Cumplimiento riguroso de la ley 57 de 1915 sobre accidentes de trabajo por la empresa y por los agricultores que de ella dependan,

3º Cumplimiento de la ley 46 de 1918 (habitaciones para obreros), de la ley 15 de 1925 (reglamento de trabajo), y de la ley 57 de 1926 (descanso dominical) ;

4º Cesación de los comisariatos o establecimientos comerciales de artículos de primera necesidad de la United Fruit Company, y establecimiento del libre comercio en la zona bananera;

[10] *Op. cit.,* pp. 64-65 y 66.

5º Cesación de los contratos individuales y establecimientos de hospitales en número suficiente para que pueda atenderse debidamente el gran número de trabajadores que depende de los campamentos.[11]

Refiriéndose al sistema de comisariatos que ejercía la compañía en la zona bananera, dice Osorio Lizarazo:

Los comisariatos son expendios de víveres y artículos de primera necesidad, fundados y sostenidos por las compañías estadounidenses que explotan la riqueza de casi todos los países latinoamericanos. Como las compañías son omnipotentes no sólo hasta los linderos de sus concesiones sino algunas veces también fuera de esos límites, los comisariatos adquieren el carácter de monopolios. Los obreros tienen forzosamente que comprar en ellos. Las compañías les venden a crédito y descuentan las deudas de los jornales. Pero como los jornales son ínfimos y los precios excesivos, el obrero está siempre en déficit y no puede adquirir sino lo más indispensable para una vida elemental. Si el obrero se ausenta y queda debiendo, la compañía lo persigue por conducto de jueces y policías complacientes, bajo la inculpación de ladrón.[12]

La petición de los trabajadores y la protesta en general de los mismos es brutalmente reprendida por el ejército dando por resultado un incontable número de víctimas. Así el plano social narrativo queda enmarcado en el periodo de la huelga. Este plano social, el más importante de todos se efectúa por diálogos cortos en *La casa grande,* de ideas diferentes, sostenidos por personajes que están comprometidos en la huelga. El autor toma la voz omnisciente en la narración que se da desde distintas dimensiones temporales. La masacre del ejército a los huelguistas está señalada por tres narradores; pero mientras el narrador objetivo nos muestra la parte externa, los dos siguiente colocados a distancia ven las consecuencias de los acontecimientos. La descripción del crimen corresponde al primer capítulo "Los soldados":

—Te busqué por todas partes y no te encontraba.

Tuve miedo, tuve miedo cuando oí tantos disparos. Por qué los mataron: no tenían armas. Tú tenías razón: no tenían armas. Y ahora qué

[11] Adán Arriaga Andrade, *La obra social del partido liberal,* Bogotá, Editorial Minerva, 1946, T. 11, pp. 251-252.
[12] J. A. Osorio Lizarazo, *Gaitán: vida, muerte y permanente presencia,* Colección Meridiano de América, Buenos Aires, Artes Gráficas de Vinnne, 1952, vol. II, p. 112.

vamos a hacer. Yo tengo que volver, quiero verla de día, quiero ver cómo es de día. ¿Tú crees que volveremos al cuartel? No nos van a dejar aquí todos estos muertos. [...]

—Estaban sentados sobre el techo del vagón. Yo me acerqué. Uno bajó los brazos. No sé si iba a saltar. Cuando alcé el fusil el cañón casi le tocaba la barriga. No sé si iba a saltar pero yo lo vi bajar los brazos. Con el cañón casi tocándole la barriga disparé. Quedó colgado en el aire como un cometa. Enganchado en la punta de mi fusil. Se cayó de pronto. Oí el disparo. Se desenganchó de la punta del fusil y me cayó sobre la cara, sobre los hombros, sobre mis botas. Y entonces comenzó el olor. Olía a mierda. Y el olor me ha cubierto como una manta gruesa y pegajosa. He olido el cañón de mi fusil, me he olido las mangas y el pecho de la camisa, me he olido los pantalones y las botas: y no es sangre; no estoy cubierto de sangre sino de mierda.

—No es culpa tuya, tenías que hacerlo.

—No, no tenía que hacerlo.

—Dieron la orden de disparar.

—Sí.

—Dieron la orden de disparar y tuviste que hacerlo.

—No tenía que matarlo, no tenía que matar a un hombre que no conocía.

—Dieron la orden, todos dispararon, tú también tenías que disparar: no te preocupes tanto.

—Pude alzar el fusil, nada más alzar el fusil pero no disparar.

—Sí, es verdad.

—Pero no lo hice.

—Es por la costumbre: dieron la orden y disparaste. Tú no tienes la culpa.

—¿Quién tiene la culpa entonces?

—No sé: es la costumbre de obedecer.

—Alguien tiene que tener la culpa.

—Alguien no: todos: la culpa es de todos.

—Maldita sea, maldita sea.

—No te preocupes tanto. ¿Tú crees que se acuerden de mí?

—En este pueblo se acordarán siempre, somos nosotros los que olvidaremos.

—Sí, es verdad: se acordarán.[13]

Dentro del plano social el autor agrega nuevos personajes en los

[13] *La casa grande, op. cit.*, pp. 32, 33 y 34.

capítulos "Jueves" y "Viernes", bajo una serie de fragmentos sin continuidad entre ellos, pero que al final forman una unidad concreta. La huelga afecta a muchos habitantes, tales como la mujer que desde la cama escucha el paso de los soldados y las consecuencias de tal suceso. Lo mismo ocurre con la pareja que espera el tren que jamás llega para escapar. Pero la figura dominante en este capítulo sin duda es la de un dirigente político, que al captar la trascendencia del problema de la huelga se dispone a abandonar el pueblo, temeroso de las consecuencias de la protesta laboral. Veamos un diálogo:

—Esto lo paran a tiros: esto se acabó.
—No creo que se atrevan.
—Se atreverán. Están dispuestos a acabar con esto en cualquier forma.
—Meterán más a la cárcel pero no creo que echen bala.
—Van a echar bala; yo los conozco: no es la primera vez que estoy en una cosa de éstas: yo tengo experiencia.
—Sí, yo sé que usted tiene experiencia pero es que son muchos: son muchos trabajadores y muchos pueblos.
—Por eso pidió los refuerzos el General: con la poquita tropa que hay aquí no pueden exponerse con los trabajadores. Mire: yo se lo digo: esto lo acaban a bala.
—Si usted está tan seguro, tenemos que hacer algo para impedirlo.
—Yo no puedo hacer nada: yo me voy esta noche.
—¿Se va?
—Sí.
—Usted no puede irse; no puede irse ahora con esta situación tan difícil.
—Yo terminé mi labor.
—Usted no puede irse.
—Yo terminé ya: lo demás es cosa de ellos.[14]

Uno de los capítulos representativos en cuanto a la conciencia colectiva se encuentra en el titulado "El Padre". Este capítulo se sitúa años después de la huelga cuando los habitantes se unen para dar muerte al *Padre,* personaje que representa el terrateniente explotador de la comarca. El pueblo se presenta claramente, al igual que el resentimiento de muchos años de opresión contra él, el odio y la venganza de los habitantes contra quien les había oprimido durante muchos años.

[14] *Op. cit.,* pp. 96-97.

La voz narrativa describe minuciosamente la acción y el ambiente de los hechos. Las descripciones nos las da el autor por una parte con los diálogos entre el Padre y la muchacha, su concubina, y por la otra por el pueblo que espera una oportunidad para vengarse.

El Padre saca la mano de debajo del peso de la espalda de la Muchacha y la pone sobre el pecho de ella.
La Muchacha cierra los ojos.
El Padre: ¿Quiénes?
La Muchacha: Todos: el pueblo...
El Padre: ¿Cuándo?
La Muchacha: Cuando usted volviera aquí.
El Padre: ¿Por qué no me mataron cuando llegué?
La Muchacha: Esperarán a que se ponga oscuro.
El Padre: Tienen miedo: me tienen miedo: no se atreverán a hacerlo.
La Muchacha: Le tienen miedo, pero ahora lo odian más.
El Padre: Siempre me han odiado.
La Muchacha: Siempre odian a los que tienen plata.
El Padre: No, no es por la plata: siempre odian a los mejores que ellos. Yo soy mejor.
La Muchacha: No es por la plata, a usted no lo odian por la plata: es por lo de la huelga.
El Padre: ¿La huelga?
La Muchacha: Mataron muchos en la estación: los soldados dispararon desde los vagones: no se bajaron: el tren paró y los soldados dispararon sobre los que estaban en la estación y el tren arrancó después: los soldados no se bajaron pero mataron un montón.
El Padre: Bien hecho.
La Muchacha: Yo no lo vi: yo nunca voy hasta la estación, pero Josefa me lo contó.
El Padre: Sí.
La Muchacha: Por eso dije que le mandaran la razón: para que no viniera.
El Padre: ¿Quién le dijo a José que me iban a matar?
La Muchacha: Todos: el pueblo; todos dicen que lo van a matar.
El Padre: ¿Pero quiénes son?
La Muchacha: Todos: el pueblo entero.
El Padre: Son los mismos cabecillas.
La Muchacha: No, a los que organizaban lo de las fincas los mataron en la estación. No quedó ninguno.
El Padre: Bien hecho.

La Muchacha: Es el pueblo: ahora son todos.
El Padre: No, solos no harán nada.
La Muchacha: Sí: esperarán a que esté oscuro.[15]

Para las mujeres *El Padre* es el símbolo del "machismo", del hombre que domina todo, que toma las mujeres que desea poseer, que su nombre sólo constituye mandato y fuerza bruta. Veamos un corto diálogo entre mujeres:

—Lo van a matar, como se quede lo van a matar.
—Para qué vino.
—Ella lo mandó llamar.
—No, dicen que ella le mandó razón para que no viniera: que le advirtió que lo iban a matar.
—Eso dicen, pero no es así: no pudo aguantarse y lo mandó a llamar.
—Si lo matan será culpa de ella.
—Por eso solo, porque ella lo mandara a llamar no iba a venir.
—No pudo aguantarse todo este tiempo: es una bandolera.
—Siempre ha buscado mujer cuando él quiere, no cuando quiere.
—Es una bandolera.
—Es igual a todas nosotras.
—No es igual: lo ha mandado llamar cuando sabía que lo iban a matar. Porque ella sabía que si venía lo mataban: todo el pueblo lo sabía. Después de la matanza de la estación lo han estado esperando. Al hombre de una hay que defenderlo.
—Él no es de nadie, nunca fue de nadie. A ella no le tiene más consideración de la que te tuvo a ti.
—A mí siempre me trató bien: yo no le di motivos.
—Ninguna le ha dado motivo, ninguna se atrevería a darle motivo.
—No es malo: no es tan malo como dicen.
—Él no es malo: es el dueño; el dueño de todo y puede tener todo lo que quiera.
—A usted no la pudo tener.
—¿Eso dicen?
—Sí, dicen que a usted siempre la ha respetado.
—A mí no me quiso tener.[16]

Como podemos apreciar por los diferentes fragmentos analizados en la novela, Cepeda Samudio toma el tema de la huelga como factor

[15] *Op. cit.*, pp. 68-69.
[16] *Op. cit.*, pp. 73-74.

central, pero evita en todo lo posible lo documental y anecdótico trazando una arquitectura bien definida con un lenguaje directo, sencillo y preciso a fin de convertir en una realidad maravilllosa, fantástica y artística un hecho que se dio en un área del país, donde la situación de los personajes adquiere un cariz especial porque en esa tierra hay una particular condición histórica. De ahí que, por subjetiva que sea la visión de Cepeda en *La casa grande,* y aunque haya una aparente irrealidad maravillosa en la narración, toda la novela es ejemplar por señalar una plena realidad histórica en un momento exacto de existencia colombiana.

EDUARDO CABALLERO CALDERÓN

Eduardo Caballero Calderón (Bogotá, Colombia, 1910). Su obra literaria está representada por la siguiente producción: *Tipacoque* (1942); *El arte de vivir sin soñar* (1952); *Siervo sin tierra* (1954); *La penúltima hora* (1955); *Manuel Pacho* (1963); *Obras* (1963-1964), 3 vols. (I, Ensayos generales; II, Ensayos colombianos; III, Novelas y relatos); *El buen salvaje* (1965); *Caín* (1969); *Yo, el Alcalde* (soñar un pueblo para después gobernarlo) (1971); *El almirante niño* y otros cuentos (1972); *El nuevo príncipe* (1973); *Azote de sapo* (1975).

UNO de los buenos novelistas colombianos y sus obras de las más difundidas en la actualidad. Periodista, diplomático, académico de la lengua y político. Obtuvo el premio *Nadal* en Barcelona, España, con su novela *El buen salvaje,* publicada en 1965.

Los temas rurales son los predilectos de Caballero Calderón y también los que mejor ha tratado en un castellano verdaderamente ejemplar en su precisión y casticismo. Los problemas más pugnantes de la realidad campesina del interior del país aparecen en estas novelas, especialmente en las dos de más aliento: *El Cristo de espaldas* y *Siervo sin tierra.* El gamonalismo, la violencia, la explotación del campesino, el rigor de la naturaleza, la ignorancia, las enfermedades, no aparecen por sí mismos, reclamando una atención que el científico social sí está en la obligación de presentarlas, sino inmersos e integrados en una estructura literaria que constituye su verdadero significado.

En la primera de las novelas citadas, un joven sacerdote se enfrenta a la injusticia y la barbarie política primitivas. Pero la novela no plantea, como ha dicho un crítico, "la tesis implícita", sino un complejo de caracteres y situaciones, de ambiente y de pasiones humanas, válido sólo dentro del ámbito de la obra. Ésta podría ser una justificación ante las acusaciones de la parcialidad política e ideológica que se le han hecho a Caballero. No podría negarse que, en ciertos momentos, él se deja llevar por la tentación del documentalismo, pero, a nuestro juicio, su voluntad artística se impone al fin y al cabo. También se les ha reprochado a estas obras debilidad en el trazo de caracteres, sobre todo en la ausencia de evolución psicológica y de motivaciones internas. Probablemente pueda demostrarse la verdad de estas aseveraciones y ello les reste a aquéllas solidez y estructura.

El mundo novelístico de Caballero es trágico, pesimista y amargo. Su estilo cae dentro de moldes hispánicos tradicionales, tal vez fraguados por Galdós y Valle Inclán, sin que se note en él la intención de acoger la audacia en este sentido, y se desarrolla teniendo en cuenta las técnicas de André Gide.

"EL CRISTO DE ESPALDAS"

El Cristo de espaldas es la primera novela que publica Eduardo Caballero Calderón. La acción se sitúa en un pequeño pueblo colombiano. El argumento es sencillo pero de un fondo particular. Al pequeño pueblo llega un sacerdote nuevo, joven, recién salido del seminario. Al poco tiempo de ser huésped del pueblo el joven sacerdote, asesinan a un hombre, y acusan a un hombre inocente del asesinato, creando una atmósfera de pasiones y rencores. El sacerdote fracasa como párroco, se retira, empero regresa cinco días después al pueblo cuando se desata una ola de crímenes, incendios y locura satánica. La situación del joven pastor de almas oscila entre el asombro y la impotencia. En la vida del villorrio aludido se desarrolla la historia de siempre de los pueblos y los campos de Colombia. "Los caciques, los que hablando en nombre de su partido respectivo, se disputan el dominio de las tierras y del campesinado. Los campesinos eran los siervos, los desposeídos, los miserables. Su tierra quedaba siempre expuesta al capricho de los caciques, que los echaban de ella en cuanto les venía en gana. Sus mujeres seguían cayendo derrengadas por la paliza dominical y el duro trabajo cotidiano. Sus hijas nacían hipotecadas al patrón, como los bueyes o los marranos. Sus hijas seguían sirviendo de criadas o meretrices a los amos. Pero, por una fuerza de inercia, que en el fondo no era sino la miseria e ignorancia, los campesinos eran liberales si habían nacido en la finca de don Pioquinto Flechas, en el páramo, y conservadores si alguna vez recibieron cepo y latigazos en la hacienda de los Piraguas."[1] Un notario ordena asesinar a don Roque Piragua, quien dominaba la situación. El crimen toma un giro polí-

---

[1] *Obras de Eduardo Caballero Calderón,* Novelas y relatos, Editorial Bedout, Medellín, Colombia, t. III, 1964, pp. 490-491.

tico, y vienen las consecuencias: represalias, venganzas y odios. Ante el joven sacerdote desfila toda esta tremenda situación. El santo varón sucumbe en su ideal, no por falta de voluntad sino porque llega a la conclusión de que la justicia defiende sólo los intereses creados de la clase política privilegiada. Al principio no llega a comprender esta situación, pero paulatinamente toma conciencia del problema al cual se rinde por no hallar solución. Sólo hacía seis meses que había recibido órdenes y se le había ofrecido una beca para estudiar en el Pío Latino de Roma, pero eligió la parroquia del remoto pueblo. "Para alcanzar la perfección debo humillarme y ser el menor de todos. No quiero volver jamás a la ciudad. Deseo simplemente, como lo dice el Evangelio, ser un pastor de ovejas, o si su Excelencia lo prefiere, un rústico guardián de pobres diablos." El sacerdote lleno de fe y amor al prójimo deseaba seguir con fidelidad el versículo de San Mateo, X, 16-22, que antecede a la novela: "En aquel tiempo: Dijo Jesús a sus discípulos: Mirad que yo os envío como ovejas en medio de lobos; por tanto habéis de ser prudentes como serpientes, y sencillos como palomas." He aquí el tema central de la novela. La mística del sacerdote continúa en medio de los increíbles acontecimientos que giran a través del bien y del mal. El libro termina con las sublimes palabras del sacerdote en contestación a Monseñor su inmediato superior: "El Cristo no se me volvió de espaldas, excelencia, porque yo lo siento vivo y ardiente en mi corazón y mi corazón no me engaña. Verá su excelencia: lo que ocurre es que los hombres le volvieron las espaldas al Cristo." [2]

Esas dos fuerzas centrales del bien y del mal, a y b, respectivamente, se imponen a través de la novela, fuerzas que se plantean el triunfo de las fuerzas del mal representado por el *poder temporal* sobre las fuerzas del bien representado por el *poder espiritual,* en este caso la misión del sacerdote. El poder temporal se representa por el poder político-feudal, cuya función consiste en proteger a todo nivel el grupo político que representa. Ese grupo se estructura por el cacique, autoridades locales, descendencia de gamonales, cura viejo, directorio conservador, notario, gobernador, obispo, etcétera.

La trama parte del plan calculado del notario. Sobre eso gira la obra en forma de etapas que se cumplen a cabalidad.

[2] *Op. cit.,* p. 583.

La novela transcurre en un marco temporal de tres días completos (viernes-sábado-domingo) más la noche del jueves y la mañana del lunes, dentro de un limitado escenario pueblerino. La novela consiste en un viaje de ida y regreso, del joven sacerdote de la ciudad al anónimo pueblo.

El compromiso de la obra se presenta a través de la *denuncia* constante del mal y la defensa del bien, que a pesar de darse en un ámbito pueblerino conlleva dimensiones universales. Los ocho capítulos son una secuencia temporal de los tres días, incluyendo "La noche del jueves" como antecedente y "El lunes" como epílogo.

El sentido de *compromiso* de la novela puede percibirse a través de los actos y especialmente de los sermones del joven pastor de almas. "El Buen Pastor sacrifica su vida por sus ovejas. Pero el mercenario, y el que no es el propio pastor, de quien no son propias las ovejas, en viendo venir al lobo desampara las ovejas, y huye, y el lobo las arrebata y dispersa el rebaño." [3]

El sacerdote platica cotidianamente en su parroquia a fin de penetrar en el fondo de las almas criminales que llenan el pueblo. Las palabras del misionero espiritual resonaban en la iglesia donde se oían parábolas dramáticas como éstas: Éste es el cura que representa a Dios mismo, y como lo dijo el Evangelio, 'sacrifica su vida por sus ovejas. Pero el mercenario, y el que no es el propio pastor, de quien no son propias las ovejas, en viendo de venir al lobo, desampara las ovejas, y huye; y el lobo... (la política baja y parroquial, la concupiscencia del dinero, la maledicencia, la envidia, el odio, la venganza, el chisme) las arrebata y dispersa el rebaño'." [4]

En el capítulo "El viernes por la noche" concebimos el crimen en la persona de don Roque, crimen estratégicamente calculado. Los "zorros viejos" del pueblo ayudaban a la astucia del notario y el sacerdote es testigo de las torturas de Anacleto, a quien culpan del asesinato, al que conducen a la cárcel y se le trata como a un animal que se le lleva al sacrificio, sin ninguna prueba del presunto criminal y aun sin ser oído en indagatoria y sin sentencia legal. El sacerdote deprimido y apenado por los sufrimientos de Anacleto trata de ayudarle y darle valor. "—¡Dios mío! ¡Dios mío! ¡no nos desampares! Lo soltó del botalón, a donde se encontraba atado con un rejo, y lo arropó con su

---

[3] *Op. cit.*, p. 476.
[4] *Op. cit.*, p. 478.

manto. Casi a rastras lo llevó al corredor donde el muchacho cayó exhausto. Sus manos amoratadas se hinchaban visiblemente. El alcalde, que lo había visto todo desde su despacho, salió en aquel momento al corredor corriéndose la hebilla del cinturón de cuero, del cual pendía un revólver de cañón largo, —¿Por qué lo soltó su reverencia? ¡Aquí yo soy el que manda![...] —Usted no tiene ningún derecho a martirizar a un ser humano, aun cuando sea alcalde.[...] A este hombre ni siquiera se le ha juzgado y mucho menos se le ha vencido en causa." [5]

Quizá Anacleto dentro del sentido cristiano represente la flagelación de Cristo inocente, condenado a ser víctima propiciatoria de pasiones sin control de la muchedumbre.

El ambiente pueblerino toma rápidamente un ambiente candente en virtud de los diferentes rumores. El joven sacerdote, sorprendido e indefenso, no comprende aún la triste realidad y trata de evadirla ocasionalmente, pero su meditación la enfoca sobre el valor y el sentido cristiano en la sociedad. El sacerdote se arrodilla e implora a Dios por el entendimiento de los semejantes entre sí del prójimo.

"Para entender a nuestros semejantes y juzgarnos a nosotros mismos, debemos adoptar el punto de vista que tuvo Cristo en la cruz, pues desde aquella eminencia, todo es claro e inteligible. Los hombres se combaten, se odian y se destruyen, porque no se aman entre sí. Su perspectiva visual, a ras de tierra es tan torpe y limitada que fatalmente interfiere la perspectiva de los otros." [6]

El capítulo séptimo narra el éxodo del cura hacia el "pueblo de abajo", bajo dos niveles que se perciben claramente: a) la trayectoria externa del éxodo del sacerdote y b) los acontecimientos del día del éxodo vistos en forma retrospectiva. El segundo nivel predomina sobre el primero, ya que la mayoría del capítulo va reconstruyendo en la psiquis del misionero espiritual los hechos de violencia del pueblo. El cura tiene su cabeza llena de amargos recuerdos, y su voz como la de los Apóstoles en el Pentecostés exclama: "¡Hermanos míos!", al observar la tremenda escena del prisionero Anacleto.

"El Anacleto, desencajado de temor, abofeteado por cien manos, escupido por un centenar de bocas, injuriado por todos, se hallaba en

[5] *Op. cit.*, p. 505.
[6] *Op. cit.*, p. 513.

el centro del patio, amarrado al botalón y cara a cara a sus enemigos. Hinchado y tumefacto, producía más asco que lástima. El alcalde salió de su despacho, en compañía del Anacarsis, empuñando un revólver. Aprovechó el momentáneo silencio que siguió a las palabras del cura, para manifestar con voz ronca y pastosa, entrecortada por el hipo, que Anacleto iba a ser fusilado en presencia del pueblo. Luego ordenó a los guardias que despejaran el patio 'para aquella ceremonia' y agregó: —Los tres volteados de Agua Bonita se nos escaparon[. . .] [Se habían encerrado, junto con la familia de María Encarna, en la casa cural.] Pero este asesino no se nos escapa[. . .] ¡Ya verá el padrecito cómo somos en este pueblo!

"Estaba tan borracho que sus piernas no podían con él. El Anacarsis, mirando de hito en hito al cura, dominó con un grito histérico el clamor que se encrespaba otra vez en el patio.

—¡Ahora verán los curas liberales si somos o no cristianos!" [7]

El capítulo termina cuando el sacerdote mantiene un corto diálogo con el "Caricortao", uno de los que le acompaña en la escolta, y quien le explica la razón de varios incendios que se perciben en el páramo.

El capítulo octavo "El domingo por la tarde" nos presenta la clave para el desenlace de la novela: la descripción se halla paralela con la acción. El cura medita y oye a Belencita la hija del notario. La violencia política está en furor. La policía asesina a los campesinos "rojos" mientras las mujeres huyen de la barbarie oficial por los matorrales como ovejas perseguidas por los perros. "Unas campesinas, con los críos de la mano y sus pobres bártulos al hombro, emergieron entre la niebla y pasaron al pie de la roca a cuyo amparo se guarnecían el cura y Belencita con las bestias. Las campesinas, presurosas y desencajadas por el terror, no fueron capaces de explicar cosa alguna. Una de ellas dijo que los guardias se habían trabado en batalla con los parameros de don Pío Quinto. Las sementeras de maíz y los rancheríos de la gentecita que vive allí de cuidar ovejas, ardían en las hogueras que dispersaba el viento. Santiguándose, siguieron camino monte abajo, como ovejas asustadas, hacia el otro pueblo."[8]

El joven sacerdote continúa su camino siempre pensando en su rebaño perseguido por el odio de sus hermanos. Abruptamente la acción toma un giro diferente a fin de mostrar al lector el principio del de-

[7] *Op. cit.*, p. 538.
[8] *Op. cit.*, p. 561.

senlace. El Caricortao resulta herido grave en la persecución contra los "rojos". El sacerdote presta sus servicios espirituales al moribundo, conociendo por éste la realidad del asesinato de don Roque. El Caricortao confiesa en su agonía ser el asesino del cacique; asesinato cometido por doscientos pesos que le fueron pagados por el crimen. Suplica al sacerdote le entregue el dinero que posee a la Boba, su amante, y muere sin alcanzar a revelar el nombre del autor intelectual. Veamos el momento crítico de la confesión:

El cura ordenó a los guardias que retirasen unos cuantos pasos de allí al cabo, porque quería confesar al sacristán, cuyo aliento ronco y jadeante y las facciones perfiladas presagiaban la muerte próxima. Cuando se arrodilló al pie del herido y le tomó entre las suyas la diestra flácida y helada, lo mareó el olor acre de las entrañas violáceas, envueltas en una sangre negra y viscosa, que se rebullían como enormes gusanos sobre la ruana.

[...] —Voy a confesarte. Dime lo que más te pesa sobre la conciencia. Yo voy a ayudarte. ¿Has robado a alguien?

—Nnno...

—¿Vivías con alguien? Quiero decir con alguien que no fuera tu propia mujer.

El sacristán hizo un violento esfuerzo que le cubrió las sienes de sudor, y entre quejidos y jadeos, explicó:

—Yo vivía con la boba... desde hace muchos años... Todos me echaban... y sólo ella me quería. Cuando yo acabe, saque sumercé ciento sesenta pesos que llevo aquí en la cartera, en el pecho... y se los entrega a la boba... Rece sumercé diez misas por mi alma... Esos guardias pueden robarme cuando muera...

El cura le limpió con su propio pañuelo el rostro amarillento, frío, desfigurado, brillante de sudor. Había cerrado los ojos, y la cabeza, sostenida por una mano del cura, se agitaba pesadamente. Una oleada de sangre fresca y roja le inundó las entrañas.

—¡Me muero...! ¡Me estoy muriendo!

Abriendo desmesuradamente los ojos, por los que ya pasaban como las nieblas sobre el páramo las sombras de la muerte, balbuceó:

—¡Yo lo maté señor cura! ¡Yo maté al viejo don Roque! Fue la noche de su llegada... Después que lo dejé a sumercé en la casa cural. Su pecho se levantaba y se abatía con violencia, a intervalos desiguales.[9]

---

[9] *Op. cit.,* pp. 564-565.

El epílogo de la novela está centrado en el último capítulo, "Y el lunes", en el cual el cura descubre por deducción al autor del crimen en la persona de don Roque. El notario es sin la menor duda el autor del asesinato, quien lo efectuó como venganza contra el cacique conservador, pues su venganza era el reclamo del honor de su hija Belencita, a quien el viejo cacique libidinoso ultrajó el honor de ella y de su familia. El "desliz" que el padre insinuaba a menudo de Belencita, justamente tenía la raíz en los amores ilícitos de Belencita y el viejo cacique. Claramente se intuye que el notario alguna vez fue una "mansa oveja", pero luego adquiere conducta de lobo feroz y logra enviar a su rival a una mejor vida.

Las últimas siete páginas de la novela están dedicadas a la lectura de la carta del obispo por el cura, y a la reflexión del novato pastor del pueblo anónimo. La "pastoral" del obispo reprime al cura, le condena y le culpa de toda la situación de guerra del pueblo. Le califica de "tipo de cristiano ilusorio, salido del orgullo" y de "falsa humildad". "En cambio, tu obstinación orgullosa te llevó a donde te necesitaban, te arrastró a los que no servías, te apartó del camino que Dios te había trazado, te precipitó en un laberinto de confusiones que tú mismo creaste y del que no pudiste escapar. Creyendo ser humilde te hundiste en el último cuarto de mi diócesis, y pensaste que era orgullo permanecer en la ciudad y en el Seminario, predicando a los doctos, enderezando el juicio de los inteligentes extraviados, meditando en Cristo y escribiendo sermones." [10]

El lector-testigo puede valorar la conducta del cura quien se mantuvo siempre firme ante el mal, y por el camino del bien, a pesar de que su inmediato superior considere que se le ha vuelto el "Cristo de Espaldas". Las injustas implicaciones del obispo son el resultado de una maquinaria política, a fin de obtener beneficios en los intereses políticos de un sector político en contra de su adversario. El cura al releer la "pastoral" se sentía avergonzado, hasta llegar al caso de transfigurar el color de su rostro. Empero el joven sacerdote siguió por la verdadera doctrina cristiana, en contra de quienes llamándose "cristianos", no tienen el menor rasgo de las enseñanzas de Cristo.

El joven misionero no podía comprender cómo un obispo podía escribir cosas como las siguientes:

[10] *Op. cit.,* p. 578.

No dejó de impresionarme mucho el que un gobernador, un sargento, un ministro del despacho, un notario y un cura viejo de pueblo, coincidieran todos en afirmar que desde el día en que llegaste, a aquel plácido y acogedor retiro que tú soñabas, el páramo se convirtió en un infierno. La principal queja de todos, la que sostuvieron con mayor énfasis los miembros del Directorio, consiste en que tú intervienes en asuntos políticos que no son de tu incumbencia, por lo cual te conviertes en piedra de escándalo y manzana de discordia a donde vas llegando. Ya me lo había dicho el notario en su carta, con más desenfado y su punta de gracia, porque bien se ve que el hombre no es lerdo. Me había dicho que en principio los curas de pueblo no deben ocuparse de política, pero que si lo hacen debe ser por lo alto, es decir, con los buenos y no con los malos, "no con los liberales sino con los conservadores". ¡Absurdos y necedades, hijo mío! Los curas buenos no deben meterse en esos andurriales, como te lo repetí cien veces antes de que te fueras.[11]

El sacerdote con los ojos llenos de lágrimas y con vergüenza e indignación, no podía comprender cómo cosas tan absurdas se le imputasen. El cura no había participado en tales actos y ni aun habían pasado por su pensamiento. "Él no había prejuzgado a nadie, ni había amparado la fuga de un criminal, ni había impedido la acción de la justicia, ni se había metido en asuntos que no le interesaban. Había querido, sí, que las autoridades fuesen más dulces y comprensivas con los presos; que no se condenara, sin oírlo, a un pobre desgraciado a quien abrumaban todas las circunstancias; que el pueblo, exaltado por pasiones inconfesables, no se convirtiese en una cueva de bandidos; porque no otra cosa podía solicitar su corazón de buen cristiano." [12]

Eduardo Caballero Calderón ha escrito una magnífica novela siguiendo la línea de "La novela de violencia en Colombia", que abarca setenta y cuatro obras hasta la fecha, en las cuales se describe ese tremendo y triste lapso de historia colombiana, que esperamos no vuelva a repetirse.

"SIERVO SIN TIERRA"

Siervo sin tierra, (1954), quizá una de las novelas más difundidas y traducidas a otras lenguas de la producción literaria de Eduardo Ca-

[11] Op. cit., pp. 581-582.
[12] Op. cit., p. 582.

ballero Calderón. La novela nos muestra una historia viva, traída de la realidad, donde plantea la avaricia, el egoísmo del terrateniente y la vida infrahumana del campesino colombiano que desea poseer un pedazo de tierra.

Su autor se ha acercado con un criterio psicológico a la entraña de nuestro pueblo. En verdad, él ha sabido interpretar al hombre colombiano y especialmente esta interpretación es parte de la historia de Colombia, vivida por nuestros campesinos tan reales como "Siervo Joya". El protagonista es presentado de tal manera, que aparece como víctima inocente del terrateniente, sólo por desear un pedazo de tierra para su subsistencia. Es un conflicto individuo-sociedad que aqueja a muchas de nuestras regiones.

Para describir este problema, el autor toma una región muy familiar suya: Boyacá. Parte, pues, de un pleno conocimiento del lugar, del ambiente y de sus moradores. A tiempo que nos plantea el problema, nos familiariza con la región, el paisaje boyacense, sus accidentes geográficos, las costumbres, diversiones y lenguaje.

La parte central del tema de la novela es Siervo Joya, acentuando más la injusticia que se venía cometiendo de la violencia, y, por tanto, son sus primeras víctimas. El tema hace historia, triste historia colombiana. A lo largo de esta obra de Caballero Calderón hay una constante: la ilusión del protagonista por la tierra. La idea es permanente respecto a él. Hay una perfecta identificación con la tierra, hasta el punto que ésta llega a convertirse en parte integrante de la personalidad de aquél. En efecto, no podría concebirse a Siervo sin esa idea en su mente.

Éste es el tema de la novela. La trama se desarrolla en función del protagonista, quien encarna al campesino ingenuo y desvalido, ante el poder del terrateniente. Alrededor suyo giran los acontecimientos; y ese girar hace, precisamente, que se pierda la horizontalidad de la novela con respecto a los mismos acontecimientos y no al protagonista. Claro está que los hechos inciden directamente en él, pero no logran apartar, ni menguar, siquiera un poco, su ilusión por la tierra. La idea está representada por una línea que va en dirección ascendente al iniciarse la novela, pero que desciende al llegar al asesinato.

La acción se desarrolla en medio de un ambiente sencillo, alejado del bullicio de la civilización. Es un medio ambiente donde parece que la naturaleza es el único testigo para comprender lo que ocurre pero imposibilitada para actuar; ella es fiel compañera del campesino, quien la ama y la aprecia, igual que a un ser humano. Es un sentimiento nacido y madurado en el corazón. En contraste con este ambiente, aparece simultáneamente otro, lleno de intrigas e influencias políticas, causante de la violencia en esta región. Los gamonales del pueblo son los dueños y señores, y los campesinos creen en ellos y acatan sus órdenes sin entenderlas. Pertenecen a un partido político, pero no por convicción, sino porque así han sido criados, sigamos textualmente a Siervo Joya: "Yo soy liberal porque así me criaron". Como ideología, los partidos políticos no desempeñan ningún papel: sólo si son motivo de rencores, odios, injusticias, irresponsabilidades y apasionamientos que se reúnen en su mayor grado en *Siervo asesino, Siervo inocente.*

Siervo sin tierra, está señalada por una línea de fatalidad que cruza la vida del protagonista; un destino adverso marca la suerte de éste. En contraposición con este pesimismo de la novela aparece, a modo de equilibrio, la descripción de la naturaleza del paisaje. Toda la oportunidad es aprovechada por el autor para presentarnos maravillosamente el ambiente natural que sirve de escenario a la novela. Una prosa pulida, un *Estilo conversional,* decae en la afectación, se adapta con naturalidad al tema ceñido fielmente a su época. Calderón usa con frecuencia la metáfora, que caracteriza su estilo y le da más brillo y elegancia. La metáfora es el elemento descriptivo más constante en la novela. Utiliza a menudo la metáfora sustantiva, adjetiva, verbal y adverbial.[13]

Siervo sin tierra, es una novela de protesta social. En ella el autor critica severamente la vida feudalista en la cual está sujeto el campesino. Caballero Calderón emplea una completa documentación para el análisis descriptivo del ambiente. Parte la acción desde 1946 cuando se efectuaban las elecciones presidenciales en las cuales el partido conservador mantenía el poder.

El hecho histórico que más se destaca es el "9 de abril de 1948" llamado el "bogotazo", cuando muere asesinado el líder popular colombiano Jorge Eliécer Gaitán. Esta ocasión la aprovecha el autor para mostrar la huida de la cárcel de *Siervo Joya* que se hallaba recluido desde algunos años sin que aun se le hubiera tomado la respectiva indagatoria.

[13] Dolly Aristizabal, *Siervo sin tierra,* monografía inédita, Seminario Andrés Bello, Instituto Caro y Cuervo, Bogotá, 1965, pp. 24-25.

"Dos años llevaba Siervo encerrado en la cárcel de Santa Rosa de Viterbo sin que le hubieran llamado a juicio, ni le hubieran tomado indagatoria, ni siquiera el abogado se le hubiera acercado por curiosidad a preguntarle por qué lo tenían preso. Él había contado cien veces a sus compañeros de reclusión la historia del asesinato, que se le aparecía cada vez más confuso y lejano, como si lo hubiera ejecutado una persona distinta que nada tuviera que ver con él. Ahora decía:

—Sucedió que antes de las elecciones del año 46." [14]

El autor nos muestra cómo Siervo mata a un hombre sin saber por qué, cómo y cuándo, pues hallándose en estado de embriaguez completamente perdido de sentido hunde el cuchillo a su compañero de bebida que resultó ser opuesto a su ideología política.

El novelista ilustra a menudo la novela con una serie de descripciones sobre la vida de la cárcel al igual que la vida del campesino boyacense. Veamos cómo describe Siervo la muerte de su compañero de fiesta:

—"¡Ave María Purísima, sumercé! Si yo no me di cuenta de que maté sino cuando me despertaron, porque estaba borracho en la tienda de la comadre María, en compañía de don Roso el mayordomo, mientras en la plaza hablaba el doctor aquí presente." [15]

La ideología política en el campesino de esta región sólo parte de una ignorancia absoluta pues nadie tiene convicción de pertenecer a determinado partido.

Veamos un diálogo:

—"El jefe Gaitán, ¡alma bendita!, decía que así manden los unos como los otros, los godos o los liberales, para los pobres todo es lo mismo. ¿Y nosotros qué somos, mano Siervo, sino pobres?

"Yo soy liberal porque así me criaron, y esa es la verdad; y como me llamo Siervo que moriré en mi ley." [16] Posteriormente se encuentra la misma afirmación de Siervo cuando le piden la cédula:

—¡Santa Bárbara bendita! —murmuró Siervo, mirando a la Tránsito con ojos espantados.

—¿No ve sumercé que me la quitó hace un año el señor alcalde de Soatá?

---

[14] Eduardo Caballero Calderón, *Siervo sin tierra,* Medellín, Editorial Bedout, 1964, pp. 122-123.
[15] *Op. cit.,* p. 126.
[16] *Op. cit.,* p. 131.

—No sería por godo que te la quitaron. ¿Eres liberal?
—Así me criaron, sumercé.[17]

El diálogo continúa a fin de mostrar el novelista la injusticia del caciquismo pueblerino con los pobres campesinos.

—Yo soy godo porque odio a los liberales. ¿Entiendes?
A una señal de don Arsenio, los dos guardias le propinaron a Siervo sendos culatazos en los riñones.
—¿Conque el tabaquito es del Floro Dueñas? ¿Y cuántos bultos viniste a vender?
Siervo se sobaba la espalda.
—Dos meros, sumercé. Son de mitaca.
—Te doy veinte pesos por ellos.
—La compañía los está pagando a ciento veinte, porque son de capa...
—se atrevió a decir el empleado que contemplaba la escena desde su reja de la ventanilla. Sudaba no tanto por el calor, que ya apretaba, como por el susto.
—¡Al señor no le estoy hablando! —exclamó don Arsenio, llevándose un revólver al rostro para rascarse la barbilla. Siervo se fue con los veinte pesos y sin los bultos, seguido de la Tránsito y de Emperador —II—, que tenía el rabo entre las piernas.[18]

Siervo Joya es una víctima de sus "creencias" políticas, pues él no tiene conciencia de qué es política ni mucho menos una ideología definida. La novela se estructura en tres partes con veintisiete capítulos. La primera consta de siete, la segunda de nueve y la tercera de once capítulos. Los veintisiete capítulos están llenos de episodios donde nos narran una serie de injusticias contra el pobre campesino embrutecido y explotado por los feudalistas dueños de la tierra.

El crimen cometido por Siervo, asesino accidentalmente, no tuvo juicio, veredicto, defensa, ni sentencia definitiva. El pobre Siervo va a la cárcel de Santa Rosa donde pasan años sin ser ni aún oído en simple indagatoria. Caballero Calderón aprovecha la ocasión para presentar una corta versión sobre la justicia colombiana y la inescrupulosidad de los jueces, y en general del sistema judicial del país. Veamos cómo el autor nos describe una visita ocasional de Tránsito esposa de Siervo

[17] Op. cit., pp. 112-113.
[18] Op. cit., pp. 185-186.

104

EDUARDO CABALLERO CALDERÓN

Joya a Santa Rosa en donde está el Tribunal Superior de la provincia:

> La Tránsito bajó de lo alto del camión, se despidió del chofer, que era
> Evangelista Parra, se acurrucó en la acera de la casa del Tribunal a
> darle pecho a Francelina, la recién nacida, y luego fue a entregar el pa-
> pel que le dio aquella mañana don Ramírez para el magistrado Poma-
> reda. El cual, gordo, achaparrado, de nariz amoratada y repujada por
> la viruela, recubierta de polvos, agradeció el saludo de su pariente don
> Ramírez y prometió interesarse en el caso del detenido Siervo Joya. Lo
> cierto era que el caso no se movía, y la investigación no progresaba, y
> el sumario se hallaba embarrancado en alguna de esas sombrías y polvo-
> rientas oficinas que se abren a la plaza.
> —Se necesita que un abogado hábil e inteligente se encargue de la in-
> vestigación —opinó el magistrado—. Me parece que convendría que fuera
> godo, en vez de liberal, porque los godos están tomando mucho incre-
> mento.
> Tránsito siguió tras él, hasta el café donde el doctor Padilla jugaba
> al billar con el fiscal de la sala penal. Este abogado le extrajo a la Trán-
> sito, como adelanto sobre la defensa de Joya, diez pesos que le había
> dado aquella mañana don Ramírez. El magistrado, muy orondo con sus
> narices moradas, sus piernas cortas y su barriga prominente, blandía su
> bastón de puño de plata y a pasitos cortos se encaminó a la tienda donde
> los magistrados reunidos en sala plena se preparaban a devorar el pi-
> quete.[19]

Siervo durante toda su vida estuvo pensando en un pedacito de tierra
para su propiedad. El transcurso de sus años los pasó trabajando para
el hacendado tres días a la semana a fin de obtener un poco de agua
para su casa.

Así él hablaba con Tránsito:

"La tierra es primero de Dios, que la amasó con sus manos, en segundo lugar de los patrones, que guardan la escritura en un cajón del
escritorio: pero en tercer lugar no podría ser sino de Siervo, que nació
en ella y en ella quería morir."

Cuando Siervo se halla libre de la prisión retorna hacia su *pedacito
de tierra* diciendo: "Lo único que vale la pena en esta vida es la tierra,
la tierra propia, pues todo lo demás se acaba y da contento."

La superstición no falta en la descripción, y así el novelista nos

[19] *Op. cit.*, pp. 112-113.

muestra cómo dentro de los campesinos se halla la creencia del anuncio de la muerte. Veamos cómo describen la muerte de Siervo Joya que vivió siendo siervo y sin tierra:

"Vimos de pronto que bajaba saltando por la cuesta de la peña morada. Parecía volar, mana Tránsito, y mi mujer pensó que no era un viviente sino un alma bendita. . .— se echaron a ladrar los perros y a mí se me pararon los pelos y un frío que corrió por el espinazo. El hombrecito se agachó y besó la tierra. Luego se dio la vuelta hacia nosotros, y la luna le cayó en el rostro. Mi mujer dio un grito: ¡Era el Siervo, mana Tránsito! ¡Era el Siervo Joya!" [20]

Al día siguiente Tránsito llegó a la casa de la hacienda al amanecer. Don Roso le pregunta por Siervo, pues aún no había contestado lista de los peones de obligación, que estaban obligados a trabajar después del desayuno.

—¿Dónde está Siervo Joya?
—Se quedó en el aprisco, estirado en el suelo y con cuatro velas en los cabos.
—¡No diga, mana Tránsito!
—Se murió a la nochecita de ayer. Venía a emprestarles dos peones para que me ayuden a cargarlo hasta la capilla. En el primer camión que pase para arriba me iré a Soatá por el cura. . .

Inmediatamente encontramos el diálogo de la infeliz mujer con don Ramírez:

Venía a decirle que desbaratemos el trato de la tierrita de la vega, y que me haga la caridad de devolverme las arras que le entregamos ayer tarde. No tengo ni un real para el cajón, y las velas, y el responso, y el cura; y con lo que sobre es menester que sigamos viviendo yo, y el Siervito y el perro.
—¡Ah vida ésta, mana Tránsito! ¡Conque se quedó en fin de cuentas mano Siervo sin tierra! [21]

La novela es una protesta social cruda y directa de la vida infrahumana del campesino y de las grandes injusticias cometidas por los feudalistas y a la vez nos muestra la tragedia de la "Época de la violencia en Colombia", esta vez situada en Tipacoque, al norte de Boyacá, Santander, la provincia de Soatá y la de García Rovira.

[20] *Op. cit.*, pp. 185-186.
[21] *Op. cit.*, p. 186.

"MANUEL PACHO"

Manuel Pacho (1963), novela que se sitúa dentro del marco novelístico colombiano, como literatura denominada de *La violencia en Colombia.* La obra consta de doce capítulos y un epílogo. Así el principio encabalga con el fin. El marco de la novela es un viaje con detalles geográficos desde "La vuelta del Cura" hasta Orocué, desde la hacienda hasta el pueblo; desde el área rural hasta la ciudad. El viaje se efectúa a pie por el protagonista con un cadáver que lentamente se va descomponiendo por el sol. El viaje sobre el cual se estructura la novela, tiene la finalidad de dar a su padre una sepultura según sus deseos y las costumbres ancestrales.

—¡Eso es lo que se llama cantar por el pico! ¡Y ahora que digan los profesores del colegio que Manuel Pacho es un bruto! Ahora sí vamos a llegar a donde sumerced quiera. No a Orocué, que está apenas a tres jornadas de camino, caminando de noche y a paso de entierro, puesto que de entierro es de lo que se trata. Llegaríamos a Labranzagrande si fuera necesario, o a Tauramena, o a Arauquita. Por sus piernas no se preocupe, viejo. ¡Sumerced sabe que las piernas de Manuel Pacho también son suyas! [22]

Manuel Pacho es una obra donde el monólogo se impone, con miras retrospectivas, y con un monólogo interior. El tiempo de la novela utiliza dos formas: *a)* tiempo cronológico y *b)* tiempo subjetivo. El primero corresponde a lo que dura el viaje: tres días y tres noches; el tiempo subjetivo se basa en el mediato o lejano, inmediato o reciente y un presente contemporáneo en la acción. El tiempo subjetivo es quizá el más importante del relato, ya que Manuel Pacho rememora los antecedentes familiares, y a la vez hace relación de sus tres años de Colegio en Tunja. Veamos cómo rememora la vida estudiantil:

Con los recuerdos pasan cosas muy extrañas. Los periodos largos y lentos, mientras uno los vive, como los tres años de internado y los tres interminables meses de clínica, se habían comprimido en las memorias de Manuel Pacho en media docena escasa de palabras: blanco, gris, frío, lluvia, cansancio, aburrimiento, dolor. En cambio las horas lumi-

---

[22] Eduardo Caballero Calderón, *Manuel Pacho,* Editorial Bedout, Medellín, 1963, p. 35.

nosas dentro del largo bostezo que fue su vida de colegio, se habían
alargado y enriquecido con el tiempo, al punto de que duraba días, meses enteros recordándolas. Las horas lentas y fatigosas, mientras se viven
se vuelven raudas y casi se borran y desaparecen en la memoria muchos
años más tarde. En cambio aquellas que, de puro veloces y felices com-
primen la calidad en un instante, cuando se las recuerda extienden su
mancha de aceite sobre largos periodos incoloros de la vida pasada. Más
o menos eso le sucedía a Manuel Pacho con su naipe de imágenes infantiles, sólo que él no podía entenderlo ni expresarlo con claridad porque
no tenía facilidad de palabra.[23]

Manuel Pacho es un verdadero solitario, su pensamiento llega a
través del monólogo interior, y piensa si es posible el término en *voz
alta*. El asalto de los bandoleros que terminaron con su familia no se
retira de su mente, mientras el alcohol va haciendo efecto y el cadáver
más pesado:

Olvidaba que ya no habrá parranda esta noche, ni vendrá el curandero,
ni quedan restos de la casa de "La vuelta del Cura". Con esta mala cabeza que tengo olvidaba que a la mamita, y al mayordomo y su mujer,
y a Ana Tulia y sus dos hermanitas, y a los cuatro peones, y al curandero, los bandidos los mataron y los tiraron al río. Los cogieron entre
dos, el uno por las muñecas, y el otro por los tobillos, y ¡zas! al agua.
Olvidaba que todo eso se acabó, ¡Compasión de Manuel Pacho!
—¡Malditos asesinos! ¿Dónde estarán ahora que no se atreven a buscar-
me? ¿Por dónde andan? ¿Y por qué no los maté yo entonces, Dios mío?
¿Por qué no moví un dedo para impedir que mataran a la mamita y
al viejo?
Manuel Pacho se llevó ambas manos a las orejas para no oír aquel
grito agudo y desgarrador de la mamita, ni el fúnebre chás, chás, que
hizo el cadáver al golpear en la amarilla superficie del río. Parpadeó
rápidamente para ahuyentar la imagen del viejo revolcándose en tierra,
con el lazo estirado y la mano crispada que pugnaba por alcanzar la
lata llena de agua donde observaban las gallinetas y el pajuil. Le parecía
oírlos y verlos con mayor claridad que cuando desde las ramas del man-
go una polvareda de confusión y de vergüenza le nublaba los ojos. Entonces pensaba que era un sueño o una alucinación el asalto de los
bandidos a "La vuelta del Cura".[24]

[23] *Op. cit.*, p. 104.
[24] *Op. cit.*, pp. 120-121.

Manuel Pacho trataba de ordenar sus pensamientos, pues pronto tendría en frente las autoridades al llegar a Orocué y tendría que explicarles lo sucedido:

A Manuel Pacho no le interesaban ni la política ni los pleitos de aguas.
—Claro que soy liberal, porque con excepción de los policías y los alcaldes cuando están mandando los godos, todos los llaneros de Casanare somos liberales. ¿Siendo el viejo liberal, y la mamita liberal, cómo no lo sería Manuel Pacho? Pero a mí que me dejen tranquilo y no me hablen de esas cosas.[25]

El contenido de la novela revela la vida de un hombre en una región colombiana: Los Llanos y una problemática social determinada: el bandolerismo. Todo esto constituye una temática propia del realismo social.

Sobre la problemática entre el individuo y la sociedad dice Helga Krüger:

Debemos anotar un aspecto importante del concepto filosófico de la novela: pérdida del individuo en el enfrentamiento con la sociedad. Como el personaje mismo, su carga resulta tan extraordinaria que la misma gente del pueblo no lo entiende ni la ve, esto es su tragedia. Lo que constituye lo heroico es la lucha y luego el vencimiento de la propia debilidad. Desde un punto de vista social es un heroísmo equivocado porque no tiene en cuenta la sociedad y no beneficia a nadie sino al protagonista. Se trata de un heroísmo individual. La situación heroica se pierde en el momento en que Manuel Pacho se enfrenta a los demás y éstos imponen el criterio para lo importante. Perdiéndose su mundo propio y su escala de valores se pierde al mismo tiempo su esencia heroica. "Su reverencia tiene que comprender que más importante que la suerte de esos infelices de 'Vuelta del Cura' es el hecho de que los bandoleros, sean quienes fueran, están a una hora de Orocué." Con estas palabras la valorización de los actos se realiza desde un mundo regular, la escala de valores de la sociedad no deja sitio a las realizaciones individuales. De esta forma el autor ejemplifica la tesis de Ortega y Gasset cuando afirma la eliminación de la esencia del hombre por la colectivización. Resumiendo: la novela nos muestra un personaje sin interlocutor, apartado de una sociedad que le niega su esencia humana, des-

---

[25] *Op. cit.*, p. 138.

valorizándola a un estado de inferioridad animal. Aunque parte del problema de la violencia, *Manuel Pacho* se aleja completamente de la novela del realismo social contemporáneo, más aún, se coloca en una posición opuesta a él. Siguiendo a un hombre aislado de los problemas sociales se manifiesta en favor del individuo contra la deshumanización que implica la sociedad.[26]

La concepción fundamental del libro permanece, como el personaje central de la novela, en el individualismo personal del autor. "Un problema social sirve a un concepto filosófico y se convierte en una acusación humana lanzada desde el punto de vista del más débil, de la víctima. Así Caballero Calderón acusa a los partidos que nutren a la violencia, sin tener participación personal, en la lucha política, sin echar la culpa a una posición política determinada. Así la novela se eleva de la determinación temporal que sufren todos los libros con tendencia meramente política, y se convierte, acusando a una situación histórica, en un documento del hombre que queda válido para todos los países y tiempos.

"La tesis constituye la falla y la fuerza del relato. La falla consiste en la imposibilidad de generalizar el heroísmo del personaje, la fuerza, en su intensidad para plantear las consecuencias de la violencia sobre un individuo." [27]

El epílogo es una reflexión que, aunque se trata de colocar como acertada por el autor, se halla fuera del contexto novelístico. El epílogo orienta al lector para que interprete la obra, dando a Manuel Pacho un valor heroico, mérito muy discutible a la luz de la significación del término "héroe", lo mismo que por la nula participación del protagonista Manuel Pacho en el marco social. Otra preocupación del novelista es la de querer situar a Manuel Pacho en una vida no anodina, fuera del anonimato y de lo vulgar según lo infiere *El epílogo*, pero el relato de la obra contradice justamente tal deseo. Manuel Pacho, más que héroe anodino como lo quiere notar el autor, tiene solamente rasgos similares a los de un "sobreviviente" de cualquier tragedia, quien ante ella, por razones de la intrahistoria cultural pretende con muchos sacrificios llevar el cadáver a varios días de camino para darle

[26] Helga Krüger, "El autor y la novela de violencia," en: *Boletín cultural y bibliográfico*, vol. VII, núm. 3, 1965, p. 392.
[27] *Op. cit.*, p. 104.

sepultura a su padre con "latines, curas, monaguillos", según la costumbre familiar.

El heroísmo de Manuel Pacho es individual y jamás colectivo, por tal razón a nadie beneficia. Cuando el "héroe" persigue fines personales y rechaza la sociedad, no puede tener categoría de héroe. Además el mismo autor en las últimas líneas del Epílogo lo reconoce: "Para haber sido un héroe de verdad, y no apenas un pobre diablo literario, a Manuel Pacho le falta morir." [28]

[28] *Manuel Pacho, op. cit.*, p. 168.

MANUEL MEJÍA VALLEJO

Manuel Mejía Vallejo (Jericó, Colombia, 1923). Su obra está representada en la siguiente producción literaria: *La tierra éramos nosotros* (1945); *Tiempo de sequía* (1957); *Al pie de la ciudad* (1958); *Cielo cerrado* (1963); *El día señalado* (1963); *Las noches de vigilia* (1975).

MANUEL MEJÍA VALLEJO, periodista y profesor de literatura en centros universitarios, en su primera novela escribió: "América necesita novelistas de su tierra y de sus hombres y tal vez pueda llegar a ser uno de ellos." Realmente su deseo se cumplió, pues la mayoría de la ficción novelística transcurre en ambiente campesino, el que conoce perfectamente.

La novela *El día señalado* (1963) [1] fue ganadora del Premio Nadal 1963 en España. La novela se estructura en cuatro cuentos anteriores: *Aquí yace alguien* (1959); *Las manos en el rostro* (1959); *Miedo* (1956); y *La venganza* (1960). Los cuatro cuentos se integran en la novela bajo su esencia principal, con algunas modificaciones accidentales.

"EL DÍA SEÑALADO"

La acción novelada de *El día señalado* se desarrolla en Tambo, pequeño pueblo del Departamento de Antioquia en Colombia. "Un pueblo olvidado de Dios. Los que quedaban eran indigentes con odio y terror, sin ganas de vivir ni de morir." [2] Según el sacerdote Barrios, "Tambo es el pueblo más deprimente que conozco. El más miserable...

—El más aterrado. —La antesala del infierno." [3]

La historia de Tambo es la historia de una comunidad rural en la que la tensión creada por la violencia, y no la violencia misma, es la que da al pueblo un sello característico. Un volcán que humea amenazador,

---

[1] Manuel Mejía Vallejo, *El día señalado*, Ediciones Destino, Barcelona, 1963.
[2] *El día señalado, op. cit.*, p. 18.
[3] *Op. cit.*, p. 129.

los guerrilleros que lejos en el páramo preparan su incursión a la ciudad, y los únicos gallos de pelea son los elementos en que el autor se apoya para crear el ambiente de tensión. Dos estratos sociales componen este conglomerado humano: el de los gamonales que extorsionan al pueblo, y el de los desposeídos, seres que en una y otra forma han sido víctimas de la violencia y han tenido que abandonar sus hogares para refugiarse en el pueblo. La violencia en sí con su bagaje de atrocidades y de sangre no aparece en Tambo explícitamente. Existe sí, lejos; a través de la novela se siente su amenaza, se escuchan sus ecos. Más que por los hechos de sangre Tambo es un pueblo dominado por el miedo, miedo a perder la vida que es lo único que a los habitantes de Tambo les quedaba por perder.

Este eje narrativo contiene la serie de personajes que esperamos encontrar en toda comunidad rural: el cura, el gamonal, el alcalde, el sargento, la prostituta, las señoras de la clase dirigente, más otros personajes que representan a las víctimas de la violencia.[4]

La estructura narrativa se divide en tres partes, delimitadas cada una por un prólogo que a su vez crea una unidad orgánica. Cada prólogo gira a través de sus ejes narrativos que complementan perfectamente la exposición, ya que los prólogos contribuyen en la novela a la caracterización de la obra. Los prólogos son muy importantes ya que ellos relatan hechos específicos de la violencia, hasta cierto punto independientes en ocasiones de los capítulos de la novela.

Los prólogos pues, tienen una función interpretativa en un nivel individual. Ellos muestran los efectos síquicos que la violencia produce sobre los individuos. El mayor efecto se nota en la casi imperceptible metamorfosis sufrida por los personajes, que de seres inocentes van convirtiéndose en seres vengativos y llenos de odio. Los prólogos, pues, agregan un nivel más a la estructura general de la novela. Si la historia de Tambo constituye un eje narrativo básicamente descriptivo, los prólogos y la línea que narra el conflicto entre el hijo y el padre contienen un nivel interpretativo.

Los prólogos proveen interpretaciones individuales en un nivel sicológico, mientras el conflicto hijo-padre y el frustrado parricidio proveen una interpretación general de los orígenes y persistencia de la violencia. Cada uno de estos ejes está dado en diversos grados de abstracción, sien-

⁴ Lucila I. Mena, *La función de los prólogos en "El día señalado"*, en *Hispamérica*, año IX, núms. 25-26, 1930, pp. 140-141.

do el conflicto entre el hijo y el padre el que, por la naturaleza misma del tema y sus hondas implicaciones sicológicas y simbólicas, alcanza el más alto grado de abstracción.[5]

La narración alterna la primera y la tercera persona. La trama se desarrolla a través de un joven víctima del abandono de su padre y luego de la violencia, y del sacerdote Barrios. Las unidades narrativas se desarrollan independientemente hasta el fin pero se unen en el clímax de la historia.

Desde el punto de vista estructural, Tambo se bifurca en dos direcciones: el Tambo donde se produce la violencia y el Tambo de la vida de los gallos de pelea, y de la gallera. La violencia se intuye en la novela desde las primeras páginas:

A José Miguel no le gustaba matar. No le gustaría que lo mataran. No le gustó que robaran su caballo.
—"Lo recuperaré", pensó.
Algunos disparos distantes contaban sus horas. Al amanecer reencontró los rastros, sus fatigas, llegó a la tarde, amaneció en otro día, volvió a otro anochecer. En un recodo halló un caballo muerto. Cerca, un guerrillero mutilado. Cuando la barba oscureció más su rostro, alcanzó a ver el campamento.[6]

En la siguiente página de la cual tomamos el párrafo leemos las palabras pronunciadas por el sacerdote refiriéndose a José Miguel:

—Él sólo fue a buscar su caballo.
—Era un *chusmero* peligroso.
—Estaba con las guerrillas.
—Estaba contra Dios.
—Para nada malo se metió con Dios.
—Luchaba contra la Ley.
—Iba con los chusmeros.
—Era un buen muchacho...[7]

La voz narrativa del autor nos deja conocer la suerte corrida por la víctima de la hecatombe nacional:

[5] *Op. cit.*, pp. 25-26.
[6] *El día señalado, op. cit.*, pp. 10 y 11.
[7] *Op. cit.*, p. 12.

Algunos hombres del pueblo se encerraron para recordar al José Miguel de las cometas y de los gitanos, al que montaba un alazán y decía canciones con una guitarra. Cuando estuvieron borrachos, a escondidas fueron al muladar, desenterraron el cadáver y lo trasladaron al cementerio. Después clavaron una cruz y en los brazos escribieron: José Miguel Pérez. Diciembre de 1936. Enero de 1960".[8]

Los primeros capítulos ya nos señalan las características principales de este pueblo:

Las primeras casuchas, medio destruidas, hicieron calle al sacerdote y a la mula. Dos gallinas escarbaban en las fisuras del empedrado, un perro gruñía lastimeramente al rascarse las pulgas en una tapia sin alero. El sofoco parecía venir no de la presencia del sol sino de la ausencia de árboles.
La casa de los faroles. Leyó sin pronunciar las letras. "Tan importante como la casa del Señor en estos pueblos miserables." Al pasar junto a ella susurraron entre los ruidos de un traganíqueles, dos postigos se abrieron en el interior. El sacerdote sintió que lo vigilaban mil ojos invisibles.
"El gallo Rojo", siguió leyendo. "Es la fonda de los galleros." Dentro, unos hombres de rostro agresivo jugaban a los dados en cubiletes de cuero, con vasos de licor y cabos de cigarrillos en los bordes de los labios y de la mesa. Uno de bigotes ahumados codeó a los otros, sin levantarse, barajando un mazo de cartas. Alzaron la cabeza y continuaron jugando.[9]

Las dos caras del pueblo aparecen a menudo a través de toda la novela. La parte geográfica del escenario se funde con la violencia de militares y guerrilleros. Así Tambo de la violencia y Tambo de la gallera discurren a un paso unísono a través de las páginas.
Tambo en ciertos aspectos tiene mucho en común con el Macondo de las novelas de Gabriel García Márquez: "¡Este maldito pueblo! Al amanecer, de día, de noche. Calor a toda hora." Más adelante referencias similares:

Una iguana se secaba al sol, tostado ya su color verde. Cuando le arrojé

[8] *Op. cit.,* p. 12.
[9] *Op. cit.,* p. 16.

un pedrusco se escabulló por el cauce. También en el pueblo estarían durmiendo como iguanas la siesta en la modorra de Tambo.[10]

El pueblo está saturado de viciosos, vagabundos que es justamente lo primero que el sacerdote descubre al llegar en su mula a Tambo: "El gallo Rojo", siguió leyendo. "Es la fonda de los galleros." [11] Así el lector va situándose desde los primeros capítulos en el ambiente que rodea al pueblo que pronto se convertirá en escena de violencia.

Centenares de pueblos como Tambo aniquilados por el impacto de la violencia y sus moradores vivieron la angustia, el terror, la miseria y la injusticia de los dos partidos de turno, triste realidad nacional de los años que enmarca la época de la violencia.

Los personajes clave de la novela son: el sepulturero, el sargento Mataya, el alcalde y el padre Barrios. El sepulturero y el sargento Mataya representan símbolos de la violencia. Desde las primeras páginas son protagonistas que crean la violencia. La figura del sepulturero recorre casi la mayoría de las páginas de la novela, a fin de que el autor pueda presentar la violencia como hecho casi común en el pueblo de Tambo. El sepulturero tiene la convicción de que enterrando muertos apaga la sed de venganza:

—¡Ya los bajaron! —exclamó el enterrador—. ¡Dije que cavaría buenos hoyos para estos desalmados! Andaba agitando entre los cadáveres de lo que fuera tropa del Sargento Mataya.
—Aquí están, José Miguel —se dirigió a la cruz de —palo—. Ya dije que te los pondría al pie.
—Ellos te mataron, José Miguel. ¡Fueron ellos! [12]

La violencia es tan arraigada en Tambo, que se llega al extremo de que el oficio de sepulturero es quizá el más lucrativo, así lo percibimos por el siguiente diálogo:

—Gracias, Padre Barrios —dijo el enterrador saliendo de improviso—. ¿Quiere que lo acompañe al Páramo? Ellos lo perseguirán, ellos nunca perdonan.
Volvieron los destellos de la pica. La serpiente colgaba del herrón.
—Algún día lo enterraré.

[10] *Op. cit.,* p. 38.
[11] *Op. cit.,* p. 16.
[12] *Op. cit.,* p. 226.

Al sacerdote le dolía todo en derrededor, tenía la sensación de ser un nuevo viejo condenado a sostener pesos que eran suyos.

—¿Por qué te dedicaste a enterrador? —preguntó con voz ajena. El otro se recogió en sí mismo, evasivo.

—Mi primo era el sepulturero. Cuando lo mataron vine yo a enterrarlo... Es el único oficio con clientela en este pueblo.[13]

Mejía Vallejo hace énfasis en el espíritu de venganza en la narración, especialmente en el sargento Mataya, el que consideraba que este espíritu constituía parte del deber de sus funciones. La venganza en el sargento Mataya está por encima de la conciencia, venganza que se convierte en el crimen cotidiano bajo su jurisdicción. La venganza como forma del deber está por encima de los valores espirituales, de los valores humanos y del sentimiento cristiano y del amor al prójimo. Veamos un diálogo entre el padre Barrios y el sargento Mataya:

—Es deber colaborar con las autoridades.

—Yo sé cuál es mi deber. Ojalá ustedes acierten al cumplir el suyo.

—Las órdenes son acabar con los guerrilleros —dijo el Sargento. El sacerdote creyó notarlo contento de que el cumplimiento del deber fuera ligado al delito; ya no se trataba del frío acatar órdenes sino del apasionamiento en la destrucción. Quizá fuera elemento peligroso cuando luchaba por causas que merecían una virtud acorde con el crimen, que autorizaran el daño sin afectar la conciencia. El fanático seguidor de órdenes en los cuales el delito aparecía como cautiverio sin que la conciencia interviniera en el balance final.[14]

El sargento Mataya, representante de la autoridad en Tambo a menudo pronuncia consignas de violencia como se percibe por lo siguiente:

El cojo contempló la casa cural, midió detenidamente al Sargento.

—¿Llegaría? —dudó, sobando la barbilla con pulgar e índice—. Vi cuando el curita salió en su mula.

—Él nos indicará el camino. Pelotones de mis soldados están listos a lo largo para la gran sorpresa.

Un soldado trajo el caballo.

—Liquidaré ese foco de guerrilleros.

[13] *Op. cit.,* p. 32.
[14] *Op. cit.,* p. 30.

—Ese capitán Canales es el mismo Diablo —advirtió don Heraclio—. Ese Antonio Roble. . .

—Hoy les saldrá la cruz.

—Cuidado, no lo golpeen con ella. . . —empezó el cojo, pero se detuvo ante la cara hostil del Sargento, quien, a lomo de su caballo, devolvió la advertencia:

—¿Se está destiñendo, don Heraclio? Y al observar a su vez la contración muscular del otro, siguió:

—Matar y morir es mi profesión. Y la que usted escogió sin orden ninguna. Cuando el día llegue no seré yo quien retroceda.[15]

Por otra parte, el desencadenamiento brutal de la violencia alrededor del país creó una insensibilidad en la gente, que les llevaba a considerar los hechos de violencia como algo normal en el ritmo diario de la vida. Las autoridades se insensibilizaron de una manera casi increíble. Así el novelista nos señala como ejemplo el alcalde de Tambo, microcosmo del macrocosmo nacional, que ni aún se preocupaba ya en lo más mínimo de la violencia. Veamos el siguiente trozo:

Le molestaba que lo obligaran a pensar, a repetir lo ya dicho. Si unos meses antes, al llegar, le escocía la conciencia, la costumbre lo hizo impermeable al dolor ajeno, la violencia se fue convirtiendo en un hecho cotidiano al que se acostumbró su moral. Y a punto de ir buscando pequeños argumentos para disculparla y disculparse, llegó a justificarla. El mundo estaba perdido, de todas maneras, y hasta. . . —Además, todo es cruel, amigo mío —señaló el volcán, el brazo cayó pesadamente—. Si fuéramos tan susceptibles enjuiciaríamos a este volcán por sus erupciones. Y la sequía, y los críos salidos de madre. Son cosas predeterminadas. . . Si fuéramos tan inconscientes de. . . Claro que enjuiciaríamos a Dios.[16]

Dentro de Tambo, no sólo el sepulturero, el sargento Mataya y el alcalde han perdido la sensibilidad social, y demuestran indiferencia ante los crímenes de la violencia.

Los hombres contertulios de la gallera, también caen víctimas de la insensibilidad, y todo lo ven normal en el clima de la violencia. Cuando el sacerdote les pide ayuda para enterrar a los muertos, ellos están pendientes de dos gallos de pelea en la gallera antes de cumplir con la obra de misericordia:

[15] *Op. cit.*, p. 154.
[16] *Op. cit.*, p. 97.

—Padre —volvió el Cojo enviando el puño con índice templado.

—Enfrentará su gallo a cualquiera de los míos Llegó al pueblo como si fuera el dueño. ¿No cree que necesita una lección?

El sacerdote movió cansadamente la cabeza.

—¿Todos han perdido la dignidad? —Se sacudió algo invisible, como si le molestara lo que acababa de decir. En los bancos algunos rehuían su mirada, otros la sostenían con desparpajo.

—¿A nadie le importa la muerte de los demás? Alzó el brazo para señalar el Páramo.

—¿Saben cuántos soldados cayeron en los desfiladeros? ¿Saben cuántos guerrilleros murieron anoche? ¿Saben cuántos cadáveres hay en el cementerio? ¡Y ustedes pendientes de dos hombres que quieren morir, de unos gallos, de...! [17]

Hay una obsesión de venganza en la voz narrativa de José Miguel Pérez. Odia a su padre desconocido quien engañó a su madre dejándole un gallo como promesa de que volvería a verla. El abandono de su madre y el de su hijo, en este caso el narrador, no lo perdona y el odio y el deseo de venganza crece hasta convertirse en una manera de violencia individual.

Y lo llené con odio desde que oí cantar los gallos, desde que vi a mi madre echarles maíz como si desgranara, desde que me hice vaquero. Por eso me dijeron: "Irán los grandes apostadores a las Ferias de Tambo", con una alegría cansada agarré camino, el gallo bajo mi poncho veranero, entre el cinturón y mi piel el cuchillo para el que un día prometió mentirosamente:

—"Dejo el Cuatro plumas en prueba de que volveré." Porque desde esa promesa mi madre no tuvo otra vida que la de Aguilán. Meses, años de diálogo sin objeto:

—¿No oyes zumbar la candela?

—Sí, madre, zumban los leños en el fogón.

—¿No te lo dije? Es señal de que vendrá. —Y descolgaba las espuelas del muro. Yo alzaba la voz al verla tan ingenua:

—Nadie llegara, madre. Estamos solos. ¡Solos! [18]

Desde el momento del abandono José Miguel no tuvo tranquilidad, sólo el camino de la violencia iluminaba su vida. Veamos lo siguiente:

[17] *Op. cit.,* p. 222..
[18] *Op. cit.,* p. 25.

Ese hombre le había dañado su destino, había dañado su destino, había dañado el mío. Desde que oí por primera vez el canto de los gallos, desde que esa voz empezó a contestar dentro como si aquel canto me perteneciera. Tardes y tardes pasé en los corrales espantando la voz, pero el camino estaba marcado: también yo sería gallero.

De ahí en adelante la vida fue espuelas, crestas, picos, plumas. Plumas de rojo quemado. Plumas jaspeadas. Plumas saraviadas. Plumas de Gallo peleador. Y seleccionaba los que a picotazos destruían su imagen en los charcos, los que atacaban su sombra y curvaban cuatro plumas negras en su cola roja. Al verme adiestrándolos mi madre pronunciaba un "¡Igual al otro!", con vaivén de cabeza. Ignoré si se refería a mí o al gallo de turno. Por instinto sabía volverlos más combativos. Al enterarse de que era el ganador en el vecindario, ella decía palabras que formaban parte del mismo silencio:

—"Tenía que ser así."

Porque yo estaba marcado. Como los gallos que nacen para matar o para morir peleando. Y no reclamaba. Sabía que alguien torció nuestro camino, que nosotros torceríamos el de alguien, con o sin culpa. Aunque la vida era amable al tender la soga a las reses en estampida, al oír el viento en la crin de los caballos, al sentir el olor de la madera, no dejaba de transferir mi odio; por eso al lidiar toros y amuletos duplicaba mi fuerza imaginando que dominaba al desconocido.

Hasta los picotazos de mis gallos me vengaban; era él quien los sufría.

—"El día señalado nos veremos frente a frente, y morirá", juré, niño todavía. Y amolaba despaciosamente espolones y cuchillo mientras miraba a cualquier punto. Días. Meses. Años...[19]

La narración global de *El día señalado* se funde en tres niveles: el político, el espiritual y el social. Estos tres niveles muy bien logrados por el autor corresponden a la condición histórica de una realidad concreta en un momento singular de existencia colombiana. El primero de ellos representa la lucha feroz entre guerrilleros y militares. El segundo se señala a través de la labor del padre Barrios, pastor espiritual de Tambo. El tercero corresponde al joven héroe de la novela, cuyo destino se centra en la venganza a partir del engaño de su madre.

Refiriéndose al ambiente que se da en Tambo y que afecta los principales protagonistas, Kurt Levy considera que: "En este ambiente surge el estímulo constructor del padre Barrios, y el novelista enfoca

---

[19] *Op. cit.*, pp. 23-24.

el choque entre su *campaña vital* y los deseos de venganza que han logrado sofocar casi por completo la humanidad del pueblo. El gamonal y el sargento matón le hacen violencia a la población bajo el pretexto de mantener orden público, apoyados por la corrupción del alcalde. La violencia pública dicta los impulsos de venganza particular, así como una serie de desquites basados siempre en el justo deseo de uno de los dos lados de 'Saldar cuentas'."

Una vez planteado el problema ideológico del medio ambiente —problema de la "maldita pasión política", diría Blest Gana— el autor no tarda en acercarse a los móviles humanos de sus protagonistas. La segunda parte, por lo tanto, nos parece la más lograda. A medida que sube la acción hacia el momento climático en que el protagonista se enfrenta con el objeto de su venganza, la prostituta viene fijándose en la "paulatina corrupción del tiempo" (*Día,* p. 166) y los dos grandes adversarios que se disputan el alma del pueblo, o sea el cura y el gamonal, se desdoblan en busca de sus verdaderos móviles.

La tercera parte trae "el momento señalado" en que la sed de venganza se convierte en el dilema de los que lo buscan. Es el momento en que don Jacinto se siente completamente solo frente a su conciencia, el sargento resuelve ceder a su patriótico deber de "Liquidar a los guerrilleros", (*Día,* p. 219) un instante antes de caer inánime envenenados, y un joven reta la autoridad de su padre, sin ser capaz de realizar el acto de venganza porque su enemigo le da "rabiosa compasión". Se ha criticado por inverosímil la coincidencia de tantos sucesos en el "momento señalado". Lo cual nos trae a la memoria el concepto de Boileau; "La vrai peut quelquefois n'être pas vraisemblable." [20]

[20] Kurt L. Levy, *Manuel Mejía Vallejo novelista colombiano.* Conferencia leída por el profesor Kurt L. Levy en la sección de Literatura Latinoamericana de la American Association of Teachers of Spanish and Portuguese, en Chicago, Estados Unidos, el 20 de diciembre de 1965.

EUCLIDES JARAMILLO ARANGO

Euclides Jaramillo Arango (Pereira, Colombia, 1910). Su obra literaria está representada por la siguiente producción: *Memorias de Simoncito* (1947); *Fenalco y el Quindío* (1949); *Cosas de paisas* (1950); *Cuentos del pícaro Tío Conejo* (1950); *Un campesino sin regreso* (1959); *Talleres de la infancia* (1968); *El destino anda en contravía* (1970); *Dos centavitos de poesía* (1972); *La extraordinaria vida de Sebastián de las gracias* (1978); *Un extraño diccionario* (1980); y una obra titulada *Una universidad de rateros* (1982).

JARAMILLO ARANGO está considerado como uno de los mejores folcloristas colombianos, y su obra en este sentido es la más conocida en la actualidad. Periodista, abogado, profesor universitario y funcionario público. Ha obtenido diferentes premios por sus obras de folclor antioqueño publicadas en el país.

Los temas folclóricos campesinos del Departamento de Antioquia, son los predilectos de Jaramillo Arango. La esencia telúrica antioqueña aparece en su vasta obra folclórica, en la cual se coloca como uno de los más notables escritores contemporáneos en este género.

"UN CAMPESINO SIN REGRESO"

Su única novela, *Un campesino sin regreso* (1959), enfoca la triste historia del campesino colombiano en la época de la violencia. La novela es un verdadero canto a la tierra y una auténtica alabanza lírica sobre la colonización de la selva antioqueña donde se desarrolla la acción novelada. La novela señala lo que era la vida del campo colombiano antes de la violencia y lo que llegó a convertirse después de la hecatombe a partir de 1946. Se distingue la obra por carecer de documentos sangrientos muy frecuentes en la novela que enmarca el periodo de la violencia. *Un campesino sin regreso* queda excluida de la serie de novelas que se señalan como "un inventario de muertos", término con que un crítico señaló la novela de violencia.

La nota inicial de la novela, "Haciendo de prólogo", analiza algunos factores de la novela de violencia de la hecatombe colombiana, y refiriéndose a un *Campesino sin regreso* considera que "precisamente, porque su novela tiene las mejores calidades como obra de imaginación y resulta plausible en su conjunto cuando a pesar del trillado tema que el autor aboca, sorteó con la mejor fortuna ese estudio social dentro de la hora y el ambiente. Porque el motivo central de su obra es la violencia que hemos venido padeciendo y usted con un maravilloso tacto recoge allí la colonización como motivo secundario, pero con tan clara inteligencia de escritor avezado en estas empresas, que ese motivo accidental apenas resulta un excelente estudio psicológico de aquellos fundadores de pueblos y creadores de riqueza nacional".[1]

Justamente ésta es la nota dominante en la interesante novela, que sin salirse del tema de la violencia no gira a través de una masacre humana, sino que con un fino estilo artístico nos lleva a través de la ficción a contemplar una realidad social que en un momento concreto de la historia se daba en Colombia, y precisamente en la colonización de la montañosa región antioqueña, donde el campesino inocente de antaño, enamorado de su tierra, cae en la tragedia que no esperaba, y que sufre las consecuencias de los mercaderes de votos electorales, quienes los empujan a una lucha fratricida tras un ideal político que desconocen, pero mueren por él. Así nos lo intuye el autor en lo siguiente:

"En las laderas que abandonaba mi familia cundía la miseria. El suelo, pobre y pendiente, fatigado y erosionado por las quemas periódicas, lavado por los prolongados inviernos, no contaba con brazos que lo laboraran. Los más habían regresado cansados de portar el fusil maldito, y los otros se habían quedado cercenados por el improvisado cirujano en los campamentos revolucionarios o en los hospitales de sangre de las fuerzas oficiales. La maleza lo invadía todo y aquel año no habría más cosechas que las muy escasas fruto del trabajo de las mujeres y los niños que permanecieron en los hogares abandonados por los hombres cuando éstos se marcharon a hacerse matar en aras de un ideal noble, pero que muchos de ellos quizás desconocían, o bien porque desesperadamente le quisieron buscar una solución, cualquiera que fuese, a la tremenda situación que los perseguía." [2]

---

[1] Euclides Jaramillo Arango, *Un campesino sin regreso*, Editorial Bedout, Medellín, Colombia, 1945, p. 9.
[2] *Op. cit.*, p. 23.

La vida del campesino antes de la violencia, era según el autor una vida ideal, llena de amor, fuera de pasiones, de laboriosidad, productor de riqueza nacional, amante de su terruño y lleno de ilusiones. Refiriéndose a su padre considera el autor que

era un campesino, un noble campesino colombiano, un elemento productor de riqueza patria. Amaba el terruño, tenía amigos, soñaba, forjaba ilusiones. Vivía. Porque poseía pleno derecho para ello: Derecho de soñar, de amar, de poseer compañeros, de forjar ilusiones. Derecho a vivir.

Mediante el trabajo de los campesinos como mi padre, los campos de la patria producían lo necesario para subsistir y progresar los colombianos. Y esos campos se trabajaban sin estorbos, sin temores, bajo la protección de la buena fe de los vecinos, solícitos colaboradores entre sí en la creación de la riqueza colectiva. La miseria, si la había, no era hija de la persecución injusta, y se soportaba con la esperanza que alimentaba el saberse el miserable capaz de salir de ella. No se mataba para conseguir riqueza ni se traicionaba para aumentar el patrimonio.[3]

Un campesino sin regreso constituye un verdadero canto a la tierra y un auténtico poema lírico del antaño hogar campesino, al igual que una rememoración nostálgica de un pasado inolvidable de algo que se ha perdido por la acción violenta de la violencia.

Así era mi hogar, ese sí "dulce hogar", y así se vivía en mi casa en los primeros tiempos de nuestra llegada a la Colonia, y así se vivió durante muchos felices años, en medio de la más idílica paz sin odios, sin venganzas, sin pasiones malsanas y sólo pensándose en Dios y en el cumplimiento del deber. Amando al Ser Supremo por sobre todas las cosas y luego a la tierra por medio de la cual Él le da la vida y la felicidad al hombre. El terruño bueno, generoso, amable y fecundo, que todo nos lo entregaba en forma dadivosa mediante un esfuerzo nuestro laborándolo, que por agotador que fuera siempre se presentaba cordial puesto que se realizaba con el convencimiento supremo de que se recibiría recompensa.

[...] La tierra era el eje de la vida. El objetivo de toda actividad de los moradores. La fuente inagotable del bienestar, de holganza y de riqueza. Por eso desde niños aprendimos a amarla con pasión sincera. A esa tierra

[3] *Op. cit.,* pp. 24-25.

negra que nuestras manos desde muy pequeñitas escarbaban plantando la semilla, clavando el colino, o jugando con ella en nuestras travesuras infantiles. Tierra nuestra, tierra patria, que se presta para todas las caricias como un amante complaciente.[4]

La narración de la novela no ofrece complicaciones. El relato sigue una secuencia lineal mostrándonos la vida de sus protagonistas centrales: Luis José, la Tierra y Alicia los cuales giran envueltos en un aire de paraíso terrenal del campesino, antes de la era trágica de la violencia, adornado de folclor antioqueño de la población rural.

Y el campesino es la tierra. La tierra misma. Se confunde con ella en su labranza. Y más tarde se vuelve tierra también en el olvidado cementerio de la aldea con cruces humildes perdidas entre el rojo de las hojas del carey familiar y la policromía maravillosa de las flores silvestres. Tierra negra y tibia, que todo lo hace florecer y a todos recibe con cariño, con el mismo cariño de Dios. Porque la tierra es Dios en su bondad infinita e inagotable. Y el campesino es bueno porque tiene que ser como la tierra que es buena y con la cual se confunde. De la cual viene y a la cual regresará un día u otro. Como se viene de Dios y a Dios se va.[5]

Una introducción "Haciendo de prólogo" y veintiocho capítulos estructuran la novela. La narración alterna la primera y la tercera persona. El argumento nos cuenta la historia de un joven campesino, humilde, analfabeto, cuya principal ambición se centra en poseer un pedazo propio de tierra, cultivarlo y casarse con la maestra del pueblo. La acción novelada se desarrolla en una región tranquila —una vereda del Departamento de Caldas—, región que toma las características de la tierra prometida narrada por el Antiguo Testamento. Una tierra de edén, excepcional, que difícilmente puede hallarse en otra parte. Sorpresivamente llega la política a la región, y el paraíso se transforma a pasos gigantescos. La política llega a través de los politicastros de turno, durante unas campañas presidenciales. Así, de la noche a la mañana la gente llena de amor se vuelve egoísta y sectaria. El protagonista central de la novela es reclutado, a pesar de pertenecer a un partido contrario al del gobierno, por quererlo así el cacique local, quien

[4] *Op. cit.,* pp. 32-33.
[5] *Op. cit.,* p. 42.

aprovecha la ausencia del campesino para conquistar a la maestra. La violencia política se desata como un huracán y la gente huye sin dirección a fin de salvar sus vidas. Sólo queda en la región la maestra quien espera el regreso del soldado, y quien es favorecida oportunamente por un buen amigo de los deseos libidinosos del cacique local. Años más tarde, el soldado regresa a su tierra, creyendo que su novia había muerto, pero es asesinado al momento del encuentro con ella. La voz narrativa del autor intuye que Luis José era un "soldado sin regreso", y así termina la novela.

A partir del capítulo "La concentración política", el paraíso cantado por el autor, toma la forma contraria del paraíso: el infierno. La voz narrativa nos informa la etapa de violencia que marca la década de estos acontecimientos, violencia que tiene fuentes directas en la capital de la República, pues se aproximan las elecciones que a su vez traen consigo la orden de perseguir al adversario. Y luego vino la tragedia, la violencia con su procesión de crímenes y la emigración masiva de los campesinos a la ciudad, mostrándonos Jaramillo Arango, en una amena prosa esa terrible situación psicológica del campesino que emigra a las capitales, creándoles traumas psicológicos propios de una abrupta transculturación por el intempestivo cambio. Así el campesino lleno de amor de antes del proceso de la violencia se transforma totalmente.

Desde mi casa se escuchó, hasta la madrugada casi, pasar por el callejón a los pacíficos colonos de todos los días, que en esa noche regresaban ebrios de política y aguardiente, gritando toda clase de improperios contra los contrarios, insultos vulgares y barbaridades casi monstruosas.

Había empezado un nuevo orden de vida. Un nuevo estilo de vivir de los colombianos en el cual irían a germinar ambiciones que sólo se colmarían con sangre y barbarie.

El cielo de la patria se iba cubriendo con una sombra casi escarlata que presagiaba la próxima tragedia. Se estaba enterrando la época de los compadres, que denominaba mi abuelo, los amables compadres vecinos, y se iniciaba la era de los matones y perdonavidas. Atrás quedaban los sentimiento de colaboración alejada del egoísmo y la envidia, porque a la sombra de la política habían aparecido los sentimientos de ambición, de enriquecimiento fácil y de venganza. En lo sucesivo los gritos de los colonos no serían de alegría y camaradería como parajeando una roza, sino de odio y de dolor denunciando la barbarie que imperaría por doquier.[6]

La novela finaliza con un tono casi épico, pues el héroe novelado muere en el mismo sitio donde nació, se educó, y de donde salió a prestar el servicio militar. El regreso es romántico y dramático a la vez.

Cuando ella vio acercarse a Luis José lo tomó a aparición y quiso huir, pero sus pies no le obedecieron. Él, desfallecido por el cansancio, rendido por la fatiga, extenuado por la emoción, se le acercó, abrió sus brazos y boca abajo se tendió a los pies de Alicia y besando apasionadamente el suelo amado al cual regresaba.

Por el callejón empezaron a llegar, aullando como lobos hambrientos, los asesinos de la noche, que habían seguido al soldado desde el río grande. Una llamarada, gritos salvajes de los fletados carniceros, y luego el silencio que sigue a las grandes tormentas.

Luis José había olvidado que él era un campesino sin regreso.[7]

Refiriéndose a esta novela dice Maruja Vieira:
"El libro de Euclides Jaramillo Arango más allá de la técnica novelística, más allá del estilo y de la forma, es un grito de angustia que es necesario escuchar. Y no es posible desoír tampoco la voz de la iglesia, que nos habla en las palabras de Monseñor Concha Córdoba, Arzobispo Primado de Colombia. ¿Será mucho pedirle a quien conserva todavía un rastro de conciencia, que no estreche la mano de Caín? La mano de Caín. Mañana se volverá contra quien hoy le tiende la suya por ingenuidad, por inconsciencia, por indiferencia o por complicidad. Volvamos los ojos hacia el drama del campo. No continuemos en esta actitud de indiferencia. Si no tratamos, ahora mismo, de oponer nuestras conciencias, nuestras almas, todas nuestras fuerzas a esta ola violenta que amenaza otra vez romper el dique, precariamente reconstruido por los titánicos esfuerzos de unos pocos, el desastre será total. Nuestro país caerá en la miseria absoluta, en el caos. Y el campesino colombiano símbolo de la paz, la honradez y el trabajo ¡Jamás tendrá regreso!" [8]

[6] *Op. cit.,* pp. 191-192.
[7] *Op. cit.,* p. 269.
[8] Maruja Vieira, "La mano de Caín", en: lecturas dominicales de *El Espectador,* Bogotá, Colombia.

DANIEL CAICEDO

Daniel Caicedo (Cartago, Colombia, 1912). Su producción literaria está representada por las siguientes obras: *Viento seco, Esquizoidea y dolencias de Simón Bolívar, Biografía* y *explicación de las teorías de la relatividad de Einstein* y *Salto al vacío* (novela sobre la mariguana).

DANIEL CAICEDO nació en Cartago, población que se halla situada en el Departamento del Valle en el occidente colombiano. Hizo estudios de medicina en Madrid (España) y ha ejercido la profesión. Además de médico es escritor y ha aportado las obras que se mencionan. De sus libros el que más se ha destacado y difundido es indudablemente su novela *Viento seco* (1953), que cuenta con más de seis ediciones en Colombia y en el exterior.

"VIENTO SECO"

Viento seco, novela lineal, sigue cronológicamente la descripción dramática, dolorosa, escueta, real y vergonzante sobre la violencia en Colombia, obra que enmarca los hechos ocurridos de 1946 a 1953 en una población del Departamento del Valle, Ceylán, al igual que los trágicos acontecimientos de la *Casa Liberal* de la ciudad de Cali, capital del Departamento del Valle, ocurridos el 22 de octubre de 1948, lugar donde fueron asesinados por la policía del gobierno de turno numerosos refugiados que justamente huían de la violencia, y que venían de pequeñas poblaciones y de los campos del mismo Departamento.

Viento seco se considera la primera novela de *Violencia* aparecida en Colombia, y una de las más populares en la primera década, de 1950 a 1960. La novela está dividida en tres secciones: a) *La noche del fuego,* b) *La noche del llanto* y c) *La noche de la venganza.* Cada sección está precedida de un prólogo, dos bíblicos y uno de Dante. *1) Jeremías: Lamentaciones,* 1, 12, 2) *Dante, Divina Comedia: Infierno* y *3) Isaías,* 26:20, que se hallan perfectamente colocados en los puntos neurálgicos temáticos de la novela.

Los hechos son narrados por la voz omnisciente de Antonio Gallardo, el personaje central, que nos entrega el testimonio más tremendo, macabro y cruel de la violencia en el Departamento del Valle. Veamos un trozo del primer capítulo de *Viento seco,* el que nos ilustra los hechos:

> Ante las llamas y los remolinos de pavesas que el aire levantaba del incendio, quedó clavada de espanto. Con el cerebro paralizado, dio un grito desgarrador y de un salto se coló por la puerta del patizuelo. El humo la asfixiaba y el ruido que hacían los asaltantes en las casas vecinas, a medio el fuego, la enervaba. De improviso salió un policía rezagado, con el producto de su pillaje, un radio de pilas, en las manos. En cuanto vio a Marcela puso el radio en el suelo y se abalanzó a ella, lúbrico y feroz. La cogió entre sus brazos. Ella le mordió y clavó las uñas en el rostro con desesperación impotente.[1]

El párrafo citado del primer capítulo de la novela nos intuye que ya podemos prever una novela nacida de una realidad dramática, que sin duda será una narración en la que las visiones y experiencias del narrador se van acomodando sucesivamente, como cuadros sucesivos de los momentos culminantes de una realidad triste y dolorosa que se dio en un momento histórico de existencia colombiana.

Los episodios de *Viento seco,* tienen una analogía con la novela *Los de abajo,* del mexicano Mariano Azuela, novela pionera de la Revolución Mexicana, o como en todas las novelas inspiradas en realidades semejantes, donde los sucesos se acomodan uno tras otro y de toda la realidad que vive en el fluir del tiempo sólo se escogen los sucesos más impresionantes. En *Los de abajo,* y en *Viento seco,* se percibe como una serie de fotografías instantáneas, recuerdos gráficos imprevistos informales, de un grupo de campesinos y pueblerinos que son víctimas de la violencia oficial.

La literatura de la *Violencia en Colombia,* ha impuesto una técnica en algunos escritores, entre ellos Daniel Caicedo, de vibrantes cuadros y episodios sucesivos; pero esta técnica, impuesta en un principio por el choque y análisis de la realidad, la despoja de una formalidad literaria, que sin equívocos ha ido adquiriendo el prestigio de un procedimiento literario, de un tratamiento consciente de una literatura de urgencia.

---

[1] Daniel Caicedo, *Viento seco,* Editorial Nuestra América, Buenos Aires, 1954, p. 55.

Estos cuadros y estas visiones podrán variar en espíritu, contenido y dimensión, pero siempre están ligados a una unidad narrativa, que vale tanto por sí misma como por ser una de las facetas de la narración global.

Viento seco (1953), es el fiel retrato de la vida que tuvo que soportar un pueblo inocente, en una dolorosa situación histórica impuesta por los cazadores de votos electorales. Veamos cómo la voz narrativa del autor deja percibir los grupos políticos existentes en un lugar de la tragedia y lo que les ocurrió a cada uno de ellos:

Unas pocas casas, pertenecientes a los conservadores, previamente señaladas con cruces azules, estaban intactas. Las otras ardían en llamas de variadísimos colores, según que consumieran las cantinas, los graneros, los establos o los cuerpos amarrados. Vehículos y caballos ensillados corrían por la calle principal y por la plazuela. A través de las ventanas de las casas no incendiadas todavía se observaba el macabro espectáculo de los maridos castrados, obligado a presenciar la violación de sus esposas e hijas. En la casa de Manuel Pacheco se balanceaban de las vigas de una enramada varios cuerpos de ahorcados. La hija de Juan Velázquez estaba clavada, con un machete que le atravesaba el vientre, al entablado del corredor de su vivienda. "El Chamón", chulavita negro amoratado como el ave que le había dado su nombre, defecaba en la boca de un agonizante. "El descuartizador" tenía maniatado a Jorge López, jefecillo liberal de la vereda, a quien pinchaba con un afilado cuchillo de matarife. Los gritos le causaban satisfacción. Le torturó largo rato, con destreza inigualable. Le cortó los dedos de las manos y de los pies, le mutiló la nariz y las orejas, le extrajo la lengua, le enucleó los ojos y a tiras, en lonchas de grasa, músculos y nervios, le quitó la piel, lo abandonó en su agonía de sangre para alcanzar a una mujer que corría y a la cual se contentó con cercenarle los pechos y hendirle el sexo. Y entre las contracciones de la muerte la poseyó.[2]

Por lo visto anteriormente, la novela no es obra de ficción, ni de recreación literaria, sino un documento fiel, dramático y macabro de hechos reales de los sucesos tremendos vividos en Colombia en la época de la violencia. Refiriéndose a los partidos tradicionalistas que estimularon el odio entre hermanos y sembraron el crimen como arma política en una tierra fertilizada para la tragedia, dice Antonio García:

[2] *Op. cit.*, pp. 60-61.

Es un testimonio de parte. . . de alguien que ha sido testigo presencial de este drama que si no ha sacudido la conciencia de los hombres, es porque esa conciencia aún no existe. La cobardía ha embotado hasta el sensible resorte del instinto. Y en una patria ensangrentada, donde los partidos continúan siendo bandos de una guerra civil que no termina de arreglar sus cuentas de retaliación, nadie se conmueve por esos hechos terribles. Ésta es nuestra historia íntima, la que se desliza por debajo de los escenarios donde se mueven las oligarquías y sus caudillos. Es la historia no escrita, transida de dolor y de sangre: La misma de los pueblos sojuzgados por la conquista española, desde la época nebulosa en que empieza la cristianización a sangre y fuego. Y la misma historia del siglo xx, en el que una república de grandes familias se disputa el poder y se cubre de gloria con los sacrificios, con las manos y con la sangre silenciosa del pueblo. Y es la misma historia de hoy, escondida como una llaga por la hipocresía del republicanismo rodoniano. Esta sucesión ininterrumpida de crímenes partidistas —los hijos de las víctimas de ayer son los verdugos de hoy y los hijos de las víctimas de hoy serán los verdugos de mañana— en el alma del pueblo los detritus del resentimiento, de la crueldad sádica y el odio frío. Ésta es la herencia que han dejado los partidos del pueblo: odios, cuentas de sangre, repulsión invencible. No han construido una nación, no han formado una conciencia política —para tener en el pueblo un juez y no una comparsa— no han rehecho el armazón del Estado, pero han descuartizado al país en dos sistemas de odios que se transmiten religiosamente de padres a hijos como la única herencia victoriosa de los partidos.[3]

La trama novelada está representada en la novela por su personaje central, Antonio Gallardo y Cristal, los que se enfrentan a la violencia, siendo ellos víctimas de la misma por el odio fratricida de sus verdugos. Los cuadros en los que se mueven estos dos personajes, son personajes descriptivos donde se percibe que ellos son víctimas directas de la violencia, o bien observadores de lo que ocurre alrededor de ellos, y finalmente personajes que se cobran la revancha contra los "chulavitas", policía oficial del régimen de la dictadura del tiempo de la violencia colombiana. Veamos cómo la voz narrativa de Antonio y Cristal nos cuentan la odisea cuando se asilaron en la "Casa Liberal" de Cali.

---

[3] Antonio García, "Prólogo" en *Viento seco, op. cit.*, pp. 16 y 17.

Los viajeros recién llegados buscaron desorientados un pequeño espacio vacío entre la multitud. No distinguían a ninguna persona. Todas las personas eran como una sola, enorme, gigantesca con cientos de ojos y de brazos, y de bocas y de piernas, y con una voz confusa, profunda que llenaba el solar y era formada por las voces de todas las bocas. Ellos buscaron con la mirada un puesto junto a las tapias, pero los pies de las tapias estaban llenos de gente y de papeles —carteles arrancados de las esquinas y periódicos— que servían de tendido para dormir y marcaban la propiedad particular del sitio.

De la masa se desprendió una mujer delgada y fina, vestida de negro, joven, de pelo castaño claro y ojos de sombra y agua. Con una voz clara y dulce atrajo la atención de los nuevos visitantes:

—¿Van a entrar? ¿Piensan quedarse? ¿Son emigrados?

—Sí, señorita, venimos de Ceylán y pensamos quedarnos, pero no encontramos acomodo.

—¿De Ceylán? Son los primeros que llegan.

—¿Cuándo los atacaron?

—Anoche. Hará apenas veinticuatro horas.

—Vengan. Ya haremos espacio. Y si no, nos turnamos para dormir... ¿Han dormido?

—No. No hemos pegado los ojos.

—¡Pobres! Ni habrán comido. ¿Les mataron a alguien?

—A todos los nuestros —dijo Pedro, por primera vez, consciente de su orfandad—. A nuestros papás, a los peones, a la hija de don Antonio, a todos los habitantes del pueblo... Creo que nos hemos salvado muy pocos de los mil vecinos de Ceylán. ¡Miento! Se salvaron, además los godos y el cura. —Vengan, hermanos, Dios no desampara a nadie —dijo la mujer, llena de compasión—. Siéntense aquí en este espacio que es mi hogar. Voy a conseguir algo de comer para ustedes —y se volvió hacia el centro del patio, al que los fogones daban el aspecto de un campamento de gitanos. Luego retrocedió y le dijo a Antonio:

—Por si me les pierdo, pregunten por Cristal —y se confundió con la multitud.

—Tengo hambre, don Antonio —dijo Pedro—. Me arden las tripas.

—Espera un momento a que venga Cristal.

¿Cristal ...?

Para Antonio la masa empezaba a descomponerse en hombres, mujeres y chiquillos. Poco a poco se sentía dueño de sí en el medio de los desheredados y de los perseguidos. De cierto que todos los que allí estaban debían haber sufrido tanto como él. De cierto que así era, porque entre tantas personas no había contento, o por lo menos todo batía con el ritmo triste de su corazón. Unos niños jugaban silenciosamente... De cierto, de cierto que tenía que haber una gran tristeza para que los niños jugaran silenciosamente.[4]

Por debajo de la trama principal, Caicedo maneja una segunda trama que es la historia de la *Violencia en Colombia*. El manejo literario de una serie de subtramas contribuye al autor a formar una estructuración de la novela. Las subtramas sirven para lograr una eficaz función en la estructura interna que se interrelaciona con las tres secciones de la novela. El autor así une correlaciones entre distintas escenas las que sirven para fortificar el tema novelado. Veamos un cuadro sobre el asesinato del pastor Davison:

—Sólo puedo decirle, don Antonio, que de Andinápolis y la Primavera no quedamos con vida más de diez. Los chulavitas cayeron sobre esos poblados convertidos a la fe evangélica y los arrancaron. Yo me guarnecí en el zarzo de un gallinero, desde donde vi los asesinatos del pastor Davison y de la familia de su servicio. Con ellos se cebaron más que con el resto de moradores: A la criada y a dos niñas las violaron unos veinte policías. Después les enterraron las bayonetas por el sexo y les cortaron los pechos. Como la madre estaba embarazada le dieron una gran cuchillada en el vientre por el cual salió el feto de seis meses, que pataleaba. Uno se acercó y lo ensartó en el machete... y luego se lo puso en la cara a la agonizante. El pastor Davison veía maniatado, de rodillas, perpetrar el crimen. Con sus ojos vueltos al cielo imploraba valor al Señor Jesús. Sus labios pronunciaban el Salmo 23: "Jehová es mi pastor; nada me faltará. En lugares de delicados pastos me hará yacer. Junto a sus aguas de reposo me pastoreará. Confortará mi alma; guiaráme por sendas de justicia por amor de su nombre. Aunque ande en valle de sombra de muerte, no temeré mal alguno...". Un chulavita se acercó y le desgarró las ropas, lo emasculó de un golpe y le puso los genitales en la boca, al tiempo que le decía: "Máscalos, protestante asqueroso." Davison ajustó las mandíbulas. El forajido le dió un tajo de machete que le abrió la cara de oreja a oreja. La mandíbula inferior cayó suelta sobre el pecho. El policía le gritó: "¡Viva Cristo rey! ¡Viva el partido conservador!" [5]

[4] *Op. cit.*, pp. 102, 103 y 104.
[5] *Op. cit.*, pp. 110-111.

La visión del mundo de la novela muestra la tragedia del hombre masa colombiano, y la de la lucha sin cuartel de los dos partidos políticos. El campesino y el morador de aldeas y de provincia son víctimas del pasado histórico y de sus pasiones.

Algo muy notorio en la novela es que Caicedo no desarrolla psicológicamente bien a sus personajes, por lo tanto no reflexionan, no monologan, y hay muy poco diálogo, privándonos de conocer el interior de los protagonistas. Además en ocasiones la novela no organiza bien el material, es decir no sigue un plan deliberado, pero esto es razonable, la novela pertenece al grupo de la "literatura de urgencia, que a su vez crea una estética de urgencia".[6] La novela como cualquier revolución no tiene un plan definido. Empero en *Viento seco* los episodios están bien relacionados en el conjunto de la estructura novelesca.

Algo muy notorio en la novela es que Caicedo no desarrolla psicológicamente bien a sus personajes, por lo tanto no reflexionan, no monologan, y hay muy poco diálogo, privándonos de conocer el interior de los protagonistas. Además en ocasiones la novela no organiza bien el material, es decir no sigue un plan deliberado, pero esto es razonable, la novela pertenece al grupo de la "literatura de urgencia, que a su vez crea una estética de urgencia".[6] La novela como cualquier revolución no tiene un plan definido. Empero en *Viento seco* los episodios están bien relacionados en el conjunto de la estructura novelesca.

En el detectivismo, a dos cuadras de la "Casa Liberal", había gran actividad. El jefe esperaba una llamada telefónica y se paseaba impaciente. Fumaba. Un grupo de detectives recibía las últimas instrucciones. Todos mostraban ese nerviosismo que precede a las grandes aventuras. El desasosiego fue interrumpido por la entrada de uno de los "muchachos", quien saludó y dijo:

—Mi comandante, están en lo bueno. Hay mucha gente...

El informe fue cortado por el timbre del teléfono, sobre el cual se precipitó el jefe.

—¿Aló? ¿Con quién?... Sí, con él habla...

Sí ya salimos. Somos dieciocho. Bien, señor Gobernador...

Y salieron en grupos de tres y cuatro, con sombreros calados hasta

---

[6] Omar González González, *Notas inéditas sobre la violencia*, p. 5.

las cejas y pañuelos anudados al cuello, listos para cubrir las casas, con antifaces. Al cinto dos revólveres y un cinturón de balas. Doblaron la esquina y recorrieron unos 80 metros. En el cruce de la carretera cuarta con calle quince dispararon contra los transeúntes y dieron muerte a dos. En un vuelto anduvieron los pocos pasos que los separaban del portalón de la "Casa Liberal", impidieron la salida y dispararon contra la multitud. Ésta se desbordó de sorpresa y de temor por encima de las tapias que aislaban el solar de los patios vecinos. La confusión fue espantosa. Los gritos y las carreras se mezclaban. Las mujeres lloraban y rezaban. Los hombres, todos inermes, no opusieron resistencia y fueron cayendo, el corazón estremecido. El abaleo era incesante. Los agentes vaciaban sus armas y volvían a cargarlas serenamente. Hubo quien repitió la maniobra de recarga seis veces... Los heridos y muertos se apeñuscaban... Debajo de las gradas fueron ultimados seis hombres que trataron de ocultarse. Algunos pedían piedad de rodillas con los brazos en cruz, pero fueron muertos... Antonio Gallardo ordenó a Marcela que se echara abajo junto a él. Ella obedeció en su indiferencia con los ojos vidriosos, de mirar fijo... Por sobre una pila de muertos que había contra la tapia del fondo escaparon unos. Otros se tiraron al suelo... Cuando los criminales vieron agotadas sus balas, salieron precipitadamente, sin que nadie intentara oponerse... El director de la matanza fue a informar a sus superiores...

En el interior de la "Casa" la sangre empapaba el suelo polvoriento. Todo allí era de espanto: Los ayes, los gritos, la confusión y el lodo sangroso. Algunos, invulnerables, emprendieron la fuga. Otros, heridos, se arrastraban hasta la puerta de la calle. Uno, por un raro fenómeno de gravitación y de equilibrio se sostenía muerto sobre las rodillas, con los brazos en cruz. Otros se sacudían de encima los muertos con que se habían protegido. Y todos hablaban a grandes voces, dirigiéndose no se sabía a quiénes. Los más serenos, se limpiaban la sangre que los había salpicado o se enjugaban la que manaba de heridas leves. Había quienes seguían pegados a la tierra en espera de una nueva descarga. Una mujer con su hijo muerto en los brazos gritaba, loca. Roberto Gómez, el protestante, agonizaba con la mirada perdida y el Santo Nombre en la garganta, estertorosa. Antonio Gallardo se incorporó y miró a Marcela, la sacudió y consiguió volverla boca arriba. De su sien derecha salía por un agujero pequeñín una trenza de sangre. Sus labios estaban estrechamente entreabiertos y los ojos, como cuando estaba viva, vidriosos, cristalados, con la expresión patética y desolada de la muerte. Antonio cogió esa cara amada y la pegó a su labios, sintió que sus párpados se cerraban y que gotas ardientes de llanto le quemaban... Estaba solo... Solo y aturdido. Cerraba la noche de Santa Salomé.[7]

Daniel Caicedo toma parte decisiva en el drama novelado, como un autor que cree en el compromiso. Señala en forma directa a los autores de los genocidios y muestra la realidad macabra, especialmente de los hechos. "Valor de la obra es su marcado carácter realista en cuanto se acerca a lo que podría ser una realidad testimonial del drama social de la violencia, dada la precisión, la objetividad y el rigor con que refleja todos los acontecimientos de un periodo de la violencia colombiana. Esto hace de ella una especie de cuadro anatómico de la violencia que lleva a pensar en la obsesiva observación médica de Daniel Caicedo." [8]

La novela termina con la venganza de los protagonistas centrales: Antonio y Cristal. Cristal venga casi matemáticamente el número de sus verdugos: los chulavitas. En el momento de la venganza ella muere también, paga el precio de la venganza con su propia vida. Antonio muere a raíz de la traición de un disidente liberal. Antonio muere antes de que pueda ponerse en contacto con la guerrilla de los "Llanos de Casanare". Veamos cómo el autor describe la venganza de Cristal:

Cristal fue a su vereda, volvió a la casa de la escuela como si no hubiera pasado nada, rehizo el grupo de sus alumnos y se hizo amiga de todas las gentes de la región. Se granjeó la confianza del comandante de policía inmediato, a quien invitó en compañía de los agentes bajo su mando a la cena de Año Nuevo. Ella misma vendría a prepararla y a empezar el año con ellos. Llegó el primero de enero y mató gallinas, coció el sancocho, preparó ensalada e hizo los dulces. Y aderezó una suntuosa comida y tragó con todos. Eso sí, no dejó que nadie probara las viandas hasta que ella diera la orden. A las doce, cuando todos estaban achispados y contentos, sirvió la mesa y se sentó a comer. El ají picante del sancocho un manjar exquisito. Comieron mucho y cantaron y rieron. Ella les repitió los platos y comió tanto como ellos. Al rato un agente se cogió el estómago y empezó a trasbocar. Ella reía y en sus ojos había un contento fulgurante, diabólico, extraño. Se puso pálida, sudorosa y

---

[7] *Viento seco, op. cit.*, pp. 119-122.
[8] Luis Iván Bedoya y Augusto Escobar, *Viento seco,* Ediciones Hombre Nuevo, Medellín, Colombia, 1980, p. 116.

la lengua se le trabó. Se agachó sobre la mesa, cerró los ojos y perdió el conocimiento. Entró en agonía... Los policías que habían comido empezaron a sentir que la muerte se acercaba y comprendieron que ella los había envenenado.

—De todos ellos —continuó Tomás—, alcanzaron a salvarse tres. Los once restantes murieron envenenados con arsénico. Mi hermana había cobrado su afrenta.[9]

La deshumanización del hombre en *Viento seco* se presenta, en virtud de la actitud de los "chulavitas", en los crímenes más atroces que presenta la novela. Desde las primeras páginas, la novela nos presenta el aspecto de la deshumanización. Daniel Caicedo enfatiza esa deshumanización presentándolos como seres sin la menor conciencia y criminales natos. Todos son víctimas del medio ambiente. Es preciso señalar que el autor a través de la novela nos revela cómo los "chulavitas" no tienen el menor detalle de amor, misericordia y dignidad. Todos obran como animales regidos por el estímulo biológico instintivo.

Daniel Caicedo ha tomado a los hombres como *son* y como *están*: ese es todo el secreto de su técnica literaria. Su principio es el mismo de quien ha dicho que no hay que inventarle nada a la vida: "nada es tan fantástico como la realidad". En ella se juntan —se dan las manos o se dan la muerte— los mejores héroes y los peores villanos. ¿A qué inventarlos, si ya están creados? ¿A qué estilizarlos si no hay estilo capaz de superar la monstruosa facultad plástica de la naturaleza humana? Los mismos hombres que viven idílicamente en el escenario patriarcal de "La María" —entre el valle del Cauca y los riscos de la cordillera— son los que habitan a Ceylán, los que sacude la violencia y los empuja con una ferocidad de bestias. Blancos, negros o cobrizos, son los mismos. Pero en el paisaje de "La María" no funcionan partidas, ni se exhiben las fuerzas de rapiña, ni las clases altas aparecen sino en la moralidad de "ángeles protectores", ni se deja ver otro conflicto que el conflicto sentimental de Efraín, llorando sobre la muerte de María. "Viento Seco" es el balance de lo que ha quedado de ese idilio social —no lo era solamente de los héroes del romanticismo a la Chateaubriand— después de un siglo de evolución política: es el mismo escenario, pero ya los hombres de arriba y de abajo, han cambiado de moral y de alma.

[9] *Viento seco*, pp. 171-172.

La prehistoria no está proscrita en el más remoto pasado: está dentro de nosotros, en nuestra propia sangre, un milímetro adentro de nuestra historia. "Viento Seco" está debajo de "La María", un poco más abajo del mismo caudal. Ceylán es lo que queda de "El Paraíso".[10]

---

[10] Prólogo a *Viento seco*, pp. 38-39.

GUSTAVO ÁLVAREZ GARDEAZÁBAL

Gustavo Álvarez Gardeazábal (Tuluá, Colombia, 1945). Su obra literaria consta de las siguientes obras: *La boba y el buda* (1970); *Jalisco; Cuentos del parque Boyacá; La tara del papa* (1972); *Cóndores no entierran to-los días* (1972); *Dabeiba* (1972); *El bazar de los idiotas* (1974) y *El titiritero* (1977).

GUSTAVO ÁLVAREZ GARDEAZÁBAL nació en Tuluá, Departamento del Valle que se halla en el occidente de Colombia. Ha colaborado con diferentes diarios y revistas nacionales y extranjeros en el campo de la crítica literaria. Profesor universitario en la rama de la literatura se revela ya como uno de los buenos novelistas de Hispanoamérica.

Ha obtenido los siguientes premios internacionales: "Ramón Llull", 1969; "Ciudad de Barcelona", 1969; "Artesana San Sebastián", 1970, "Ciudad de Salamanca", en 1970 con la obra *La boba y el buda;* "Manacor", 1971 con la novela *Cóndores no entierran todos los días;* y con su novela *Dabeiba* llega a ser finalista del premio Eugenio Nadal en 1971 en España.

"La prolífica producción literaria de los últimos siete años del escritor colombiano Gustavo Álvarez Gardeazábal revela una decidida preferencia por el género novelesco. Como en el caso de algunos de los cuentos de García Márquez, de quien la obra de Álvarez Gardeazábal muestra una clara influencia, los de este último a veces parecen haber servido como bosquejo para algunas de sus novelas más recientes. Los cuentos de Álvarez Gardeazábal, no obstante, son de mucho valor artístico, como pueden atestiguar los varios premios literarios que han recibido sus creaciones cuentísticas, y proporcionan al lector atento varias claves para un entendimiento crítico de toda la prosa narrativa de este joven colombiano." [1]

---

[1] Steven M. Bell. *Hacia el Apocalipsis*: *La violencia en los cuentos de Álvarez Gardeazábal. Crítica Hispánica,* East Tennessee State University, Johnson City, vol. III. núm. 1981, p. 3.

"CÓNDORES NO ENTIERRAN TODOS LOS DÍAS"

Cóndores no entierran todos los días (1972),[2] se considera una de las novelas mejor documentadas sobre la violencia que tuvo lugar en Tuluá, población ubicada en el departamento del Valle en Colombia, violencia acaecida por los años de 1948 a 1965.

Novela lineal, narra cronológicamente los hechos violentos que se desarrollaron en Tuluá, en la época del terror conocida con el nombre de la violencia de los "pájaros", capitaneada por León María Lozano, "El cóndor", quien azotó a Tuluá y sus alrededores al igual que a otras partes del departamento del Valle.

Cóndores no entierran todos los días narra la triste historia de una época sangrienta de la violencia política en una ciudad del Valle del occidente colombiano. La novela es el resultado histórico de diez años de terror en la ciudad de Tuluá.

La voz narrativa de la novela nos muestra en tercera persona la trayectoria de León María Lozano, "El cóndor", a través de la memoria colectiva del poblado. El relato se estructura con base en una serie de fragmentos históricos, testimonios, datos y en diferentes informaciones a partir de los sucesos trágicos del 9 de abril de 1948 en Colombia, fecha señera que exalta a León María Lozano como uno de los asesinos más vulgares y temidos en la época de la violencia colombiana. La voz narrativa del autor se remonta a la infancia del protagonista central del relato, León María Lozano, jefe de los "pájaros" y a quien se conoce con el nombre del "Cóndor".

León María, de vendedor de quesos en la galería, se convierte de la noche a la mañana en líder político y terror de la comarca. Su primer acto violento se remonta al 9 de abril de 1948, cuando el vendedor de quesos logra detener un motín con un taco de dinamita en el momento en que algunos fanáticos se proponían incendiar el colegio de los salesianos. "León María, sin embargo, no fue consciente en los primeros días de lo que había hecho, y aun cuando siguió madrugando para ir a vender en su puesto de la galería, poco a poco se fue dando cuenta que no solamente le compraban más quesos, en algo así como el premio por su labor católica, sino que los muchachitos de las escue-

---

[2] Gustavo Álvarez Gardeazábal, *Cóndores no entierran todos los días*. Ediciones Destino, Barcelona, 1972.

las pasaban por su puesto del costado sur del patio de los plátanos como quien va a mirar las vistas de tipos de la película del teatro."[3]

La mitificación es consecuencia del hecho de detener la turba fanática del colegio. "De ese viernes nueve de abril, Tuluá no quiso grabarse ningún acto de depravación ni las caras de quienes encabezaban la turba pero sí elogió y convirtió en una leyenda la descabellada acción de León María Lozano cuando se opuso, con tres hombres armados con carabinas sin munición, con un taco de dinamita que llevaba en la mano y una noción de poder que nunca más volvió a perder, a que la turba incendiara el colegio de los salesianos."[4]

El relato de la historia de León María Lozano continúa en forma lineal, sin intuir la verdadera conducta del "Cóndor", hasta que la voz narrativa del autor nos muestra que el jefe de los "pájaros", "El cóndor", es el autor de los genocidios cotidianos de la región.

Las cuatro bombillas débiles del parque ayudaron a presentar el prólogo. Cuadraron frente a la telegrafía y bajaron tres docenas de individuos, todos armados con machetes y protegidos con ruanas grises. Diez minutos después llegaron cuatro carros sin placas y parqueándose frente a la alcaldía entraron a la telegrafía. Cuando salieron, Riofrío estaba aislado y aunque Chepita desde la telefónica de Tuluá hacía esfuerzos desesperados por restablecer la comunicación, sólo al día siguiente, cuando una patrulla del batallón Cabal vino desde Buga a averiguar por la suerte de Riofrío y encontraron a Beatriz, la telegrafista, maniatada en una silla, pudieron saber que Riofrío había sido azotado por la mano triste que el padre Nemesio, don Mariano Holguín y la Tortilla Caycedo, que tenían un bar en la esquina del parque, atestiguaron mandaba León María Lozano, el vendedor de quesos de la galería de Tuluá. . .

Después sí lo hizo él, medio cubierto con un saco, camisa blanca, sin corbata, pero con el sombrero bien puesto, Beatriz desde su inmovilidad obligada oyó la voz gangosa dar órdenes secas para hacerse servir con aguardiente y mandar violentar las puertas de la cárcel. Hubo disparos al aire, gritos de alborozo y sonoros hijueputas cuando León María tomó el aguardiente y veinte hombres dispararon al tiempo. Dos más, Celín y Atertúa, le dieron un empellón y la puerta cedió. En ese momento todos los habitantes de Riofrío, que guardados bajo las cobijas vivían mentalmente y a oídas todo el proceso, oyeron tres disparos distintos

[3] *Op. cit.*, pp. 13 y 14.
[4] *Op. cit.*, p. 9.

antes de que se precipitara la balacera que puso fin a la vida del guardián de la cárcel que disparaba con su carabina tratando de atajar la turba. Fue el único muerto de esa noche, pero sirvió para que la leyenda de León María Lozano tomara forma, y su poder llegase a todos los límites del Valle del Cauca.[5]

La novela se centra en la vida y obra del protagonista, León María Lozano, ciudadano católico y conservador de Tuluá, defensor de la iglesia y del partido conservador. Era defensor del catolicismo pero "apenas si sabía que la Sagrada Escritura existía" (p. 28). Era defensor de la iglesia y practicante religioso: "Toda la vida Tuluá lo conoció, aun antes de impedir la quema del colegio salesiano, como uno de los más piadosos varones de la parroquia. No había primer viernes que no se le viera arrodillado en el confesionario del padre Leguizamón y comulgando recogidamente en la misa de seis." [6] "Defensor ciego de la iglesia, nunca permitió una chanza ni una ofensa, por más velada que ella fuese, contra el padre Ocampo ni contra ninguno de los siete curas que había en Tuluá."[7]

León María Lozano era un marido "ejemplar" según el criterio popular, pero al mismo tiempo que era casado mantenía relaciones sexuales con María Luisa de la Espada. Empero, la gente le consideraba como "el más católico de los hombres de la parroquia, el más trabajador y el más responsable" (p. 26).

León María Lozano, "El cóndor", fue militante y defensor del partido conservador colombiano, pero completamente incapaz de entender un editorial político. León María Lozano se consideraba el salvador del partido conservador siempre y cuando el partido sufragara los gastos de subsistencia: "El partido tendrá en mí a su más ferviente defensor, y si ustedes me garantizan la subsistencia, cuenten conmigo" (p. 58).

"El cóndor" acepta la responsabilidad de guardar la vida y la honra del conservadurismo de la región, otorgada por el mando del partido en Tuluá.

[5] *Op. cit.*, pp. 81-82.
[6] *Op. cit.*, p. 24.
[7] *Op. cit.*, p. 24.

El doctor Ramírez extendió su chequera y después de hacer una apología de lo que significaba para la religión católica la existencia de individuos defensores del orden establecido, de la verdad impuesta y de la tradición, enfiló sus baterías a León María para traerlo en carruajes poéticos desde su puesto de quesos en la galería hasta el andén del colegio de los salesianos el nueve de abril...

León María casi llora de la ira y cuando el doctor Ramírez Moreno terminó, tenía en sus manos el primer cheque, las tres cajas rectangulares y la convicción profunda de que estaba cumpliendo con su deber de católico y de conservador. En sólo media hora Tuluá había sido incorporada a la cadena del terror y León María Lozano, el más católico y correcto de sus ciudadanos, como lo recita doña Midita al llegar a este momento, había quedado encargado de la dirección.[8]

Una vez que León María Lozano toma conciencia de su fama empieza a cambiar. "Eso cambió totalmente su modo de actuar" (p. 14). Recibe telegramas de su directorio político donde se le exalta como líder para consulta: "Viernes próximo estaremos ésa fin consultarle graves problemas aquejan partido conservador Punto Agradeceríamos pusiese contacto don Julio Caycedo Palau fin utilizar detalles entrevista Punto Copartidarios y amigos. Directorio Departamental Conservador" (p. 56).

Con estos ejemplos se aprecia la fase ascendente de la vida y hechos del "Cóndor", hasta convertirse en un mito el nombre de León María.

Basándose en el engrandecimiento de un acto original, en este caso el nueve de abril, la repetición de las versiones lleva a "El cóndor" a niveles de renombre. El orden de la narración comprueba que Álvarez calcula minuciosamente el proceso de mitificación oral y escrita que convierte a León María en una figura de notoriedad nacional. Cada paso de endiosamiento del cacique exagera lo que la sociedad dice de él. Las masas ignoran la barbaridad de los crímenes cometidos debido al velo de la fantasía que ofusca el reconocimiento de la realidad. El público se deja hipnotizar ante la presencia de los jefes políticos en el escenario nacional, un escenario que pronto se puebla de protagonistas matreros. Álvarez demuestra la fertilidad del terreno colombiano para el cultivo nutrido de sangre colombiana. En lugar de entregarse a un manifiesto político en el que el hablante dice prosaicamente su tesis, Álvarez Gardeazábal

[8] *Op. cit.*

muestra poéticamente el ambiente de decadencia espiritual de una Colombia martirizada.[9]

León María Lozano, conocido bajo el nombre de "El cóndor", actúa como jefe de las pandillas reconocidas como "los pájaros", quienes sembraron el terror y llenaron de luto a miles de familias colombianas. Según la voz narrativa del autor, "El cóndor" es responsable de tres mil quinientas sesenta y nueve muertes violentas en Tuluá:

El nuevo gobierno, obedeciendo al clamor público, pero al mismo tiempo conservando su línea política que le impedía procesarlo, obligó, por medio de decreto supremo, la extradición del territorio de Tuluá para León María Lozano, en la misma forma como había determinado la misma medida para otra docena de jefes políticos de reconocida fama en el resto del territorio nacional. No lo desterraron porque la constitución no lo permitía y no lo metieron a la cárcel, como seguramente lo estarían pidiendo desde sus tumbas los tres mil quinientos sesenta y nueve muertos de la violencia que fueron enterrados en el cementerio de Tuluá, porque el que habían nombrado ministro de gobierno, don Carlos Materón, no olvidaba que venía en el carro aquel que preguntó por la casa de don Julio Caycedo Palau unos días antes de iniciarse la matazón que hoy Tuluá no puede precisar cuándo comenzó realmente.

El coronel del batallón de Buga vino a comunicarle oficialmente la medida a León María. Cuando Agripina lo hizo pasar, León María ya sabía a qué venía. Su abogado se lo había dicho una semana antes: van a echarlo lejos, le darán una pensión por seis meses, siempre y cuando no vuelva a Tuluá. Y casi que fue cierto porque cuando el coronel del ejército le entregó una copia del decreto oficial y una carta personal del ministro de gobierno, decían que debía salir de Tuluá en el plazo de cuarenta y ocho horas, pero que el gobierno nacional, por intermedio de la brigada, no solamente le pagaría una pensión durante los tres años mínimos que podía durar la condena, sino que pondrían a su disposición los elementos necesarios para el transporte de los muebles y enseres de su casa.[10]

[9] James D. Browns, "Cóndores no entierran todos los días: una estructura de la violencia", en *Aproximaciones a Gustavo Álvarez Gardeazábal.* Plaza & Janés, Bogotá, 1977, pp. 100-101.
[10] Álvarez Gardeazábal, *op. cit.*, pp. 140-141.

La novela nos muestra desde la primera página el testimonio de la violencia en la población de Tuluá, en la cual la voz narrativa del autor nos intuye que en Tuluá "aunque ha tenido durante años la extraña sensación de que su martirio va a terminar por fin mañana en la mañana", la situación no cambia y la violencia continúa con más furor.

La novela se inicia desde la primera página narrando abruptamente la violencia del "Cóndor", el temido criminal León María Lozano, el cual pasa de vendedor de quesos a dirigente político y asesino a sueldo. "Héroe" engrandecido por la leyenda de sus miles de asesinatos, a su vez se convierte en instrumento político a fin de eliminar a sus adversarios por orden de los directores de su partido. Veamos parte de la primera página de la novela:

Tuluá jamás ha podido darse cuenta de cuándo comenzó todo, y aunque ha tenido durante años la extraña sensación de que su martirio va a terminar por fin mañana en la mañana, cuando el reloj de San Bartolomé dé las diez y Agobardo Potes haga quejar por última vez las campanas, hoy ha vuelto a adoptar la misma posición que lo hizo un lugar maldito en donde la vida apenas se palpó en la asistencia a misa de once los domingos y la muerte se midió por las hileras de cruces en el cementerio. Quizás tampoco vaya a tener conciencia exacta de lo que va a vivir, porque lleva tantos días y tantas noches acercándose cada vez más al final que mañana, cuando se produzca oficialmente la muerte de su angustia, volverá a sentir por sus calles, por sus entrañas, el mismo terror que sintió la noche del veintidós de octubre de mil novecientos cuarenta y nueve, al oír los cinco balazos que acabaron con la vida de don Rosendo Zapata y le notificaron que los muertos que habían estado encontrando todas las mañanas en las calles, sin papeles de identificación y sin más señales de tortura que un tiro en la nuca, eran también de Tuluá y no de las montañas y veredas, como inútilmente habían querido mostrarlo.[11]

Esta primera página de la novela nos muestra crudamente que ya estamos ante una obra que narra el drama vivido en Tuluá, en la época de la violencia. El autor nos muestra una serie de episodios acaecidos en Tuluá, sin darnos a conocer datos históricos del problema. Los episodios recogidos en forma cronológica muestran el retrato fiel del

[11] Op. cit., p. 1.

drama macabro que vivió Tuluá, en una situación impuesta por los gobiernos de turno a fin de terminar con sus rivales políticos sin importarles el medio sino el fin. Veamos cómo Álvarez Gardeazábal relata uno de los genocidios en la población, genocidios que llegaron a convertirse en un hecho cotidiano en la triste y dramática historia de Tuluá:

En la misma capilla del cementerio lo cantó el padre González. Cuando terminó, los obreros del municipio, que ya habían trasladado en carretas otros muertos a una fosa común que habían hecho de los NN, ayudaron a la mujer a cargar el cadáver de su esposo. Fue el único de los treinta y tres que pudo identificarse, pero bastó para hacerle saber a Tuluá que los muertos eran ya de las goteras. Sin embargo, Tuluá siguió creyendo sus versiones fantásticas de muchos muertos sacados de las tumbas de los cementerios vecinos, de envenenados en una fiesta, de atropellados por un alud, y María Luisa Sierra, que le había oído alguna vez a León María hablar del jinete del Apocalipsis, aseguró que al padre Ocampo le habían ido a jurar que lo vieron montado otra vez en la mula que trajo el fuego de Yolanda Arbeláez. A León María se lo fueron a preguntar, pero como él lo dijo que en su cuadra no había aparecido ningún cadáver, él podía darse testimonio, pero si lo veía, y quién mejor que él, que ya conocía, avisaría inmediatamente. Sin embargo, Pedro Alvarado lo dijo en el noticiero de la noche como una manera de disculpar la realidad. A los liberales los estaba matando el jinete del Apocalipsis.[12]

La trama novelada está representada en la novela por su personaje central León María Lozano, el célebre "Cóndor", personaje retraído, ignorante, cuya astucia y ambición van dibujando una psicología arquetípica y mitificadora: todas sus acciones giran en torno a un dogmatismo acendrado y a un catolicismo primitivo lleno de rasgos feudales.

Tres días después bajaron los cadáveres del chofer, el ayudante y el cargador de la línea que hacía los viajes a La Marina. Una semana más tarde mataron en una misma noche a cinco de los seis miembros del club ciclista Santander, los mismos que habían negado su contribución para arrastrar la carroza de María Auxiliadora en la procesión que or-

[12] *Op. cit.*, pp. 74-75.

ganizó el padre González aduciendo que era muy pesada. Les dispararon de los carros que todo Tuluá estaba ya empezando a ver circular alegremente por sus calles después de las seis y que, aunque no tenían placas, sospechaban siempre de quién eran.

El primero fue Gilberto Giraldo Gálvez, que vivía a la vuelta donde León María. Cerró su botica de la calle Sarmiento y montado en su cicla como si estuviera montado en la carroza que no quiso dejar empujar, repartiendo sonrisas y venias, llegó hasta la sede del club, en un costado del parque Bolívar. La secretaria le pasó a firmar tres o cuatro papeles, él revisó el cuadro de competencias para el siguiente domingo y alcanzó a llevar las manos a los ojos. Una sombra apareció detrás de la puerta, después un chasquido y Gilberto Giraldo Gálvez, fundador y presidente del club ciclista Santander, primer campeón nacional del ciclismo, carguero del anda de la Dolorosa el sábado santo y alguna vez en su remota adolescencia miembro del directorio liberal de Santuario, Caldas, de donde era oriundo, cayó muerto sobre la mesa de trabajo de la sede del club. Su sangre manchó unos papeles arrumados en el escritorio y llenó de pánico a la secretaria, que gritando en un solo tono y como rayada de por vida, cayó también de bruces, en todo el medio de la calle Sarmiento, después de recorrer cuadra y media sin parar un instante...

Al quinto lo mataron casi a la misma hora cuando salía de la fábrica de tubos de don Braulio Gardeazábal, otro de los hijos de don Marcial. Braulio, que lo recogió, pudo oírle muchos detalles de su muerte mientras lo llevó al hospital para que muriera media hora después... Al sexto miembro del club, Arcadio González, el marido de Mina, la redactora social de *Relator,* apenas le contaron la balacera en la sede del parque Bolívar, trancó puertas y ventanas y fue a dormir, por el solar, a la casa de su suegra, doña María de la C. Pérez y Botija, uno de los pocos habitantes de Tuluá que todavía guardaba pergaminos y rendía culto a la heráldica. Al otro día, montado a medias en su bicicleta pero con uniforme blanco, los zapatos croydon de rayitas negras y la boina roja en la mano, acompañó a León María Lozano en el entierro de su vecino. Cuando enterraron a don Rosendo Zapata, León María también iba a la vanguardia del cortejo y casi llora cuando abrazó a Fabiolita para darle el pésame. Arcadio González no lloró como Fabiolita. pero temeroso de que algo pudiera sucederle y conociendo bien el prestigio de héroe que tenía León María, lo buscó en el entierro y llevando la bicicleta de la mano se hizo a su lado durante todo el trayecto de San Bartolomé al cementerio. Seguramente hoy estará arrepentido de haberlo hecho porque esa posición en el entierro obligó a Tuluá a desviar todos los comentarios de las muertes a otros lados menos el político y permitió a León María sobreponerse a los rumores que algunos liberales decididos dejaban en el restaurante de La Chapeta, a dos cuadras de su casa después de que empezaron a cosechar chismes de largas visitas que le hacían antes de la comida los señores en un carro gris con placas de Cali. Pero como él se mostraba más compungido que muchos de los dolientes, y jamás podría acusársele de alguna falla, Tuluá tuvo que traumatizarse para poder convencerse de que quien dirigía toda esta matazón era León María Lozano, el antiguo vendedor de quesos de la galería, el mismo que iba a misa todos los días donde los salesianos y a las seis de la tarde se encerraba en su casa a cuidar de los pavorosos ataques de asma que le daban casi a diario con silbidos de sepulcro, ahogo de moribundo y carrera al patio en busca de aire puro. Para poderse convencer, Tuluá tuvo que esperar tres meses más, enterrar casi un centenar en su cementerio y oír a los refugiados de las montañas bajar a contar sus pesares. Sin embargo, sólo el once de agosto cuando la chusma conservadora atacó a Riofrío, en donde estaba el párroco el padre Nemesio, León María Lozano se identificó como jefe de la banda asesina. [13]

Los episodios de *Cóndores no entierran todos los días*, tienen una analogía con la novela *La sombra del caudillo*, del mexicano Martín Luis Guzmán. *La sombra del caudillo* tiene una forma tradicional, puesto que narra una dramática serie de circunstancias muy cercanas a los hechos históricos. El caudillo cuya presencia es frecuente en la novela y cuyas decisiones determinan su desenlace. Esta novela fue escrita teniendo en cuenta como fondo histórico los hechos reales que sucedieron en México a partir de 1920, o sea después de terminar los hechos bélicos de la Revolución Mexicana de 1910 a 1920. En *Cóndores no entierran todos los días* y en *La sombra del caudillo*, se percibe la sombra frecuente del caudillo que constituye la causa de los asesinatos. Tanto en *La sombra del caudillo* como en *Cóndores no entierran todos los días*, los temas principales se centran en las campañas partidistas y las consecuencias en los campos de batalla. Las implicaciones no parten de simbolismos literarios, sino del informe de los dirigentes políticos, tratando de mostrar las personalidades de los *caudillos* y sus *motivaciones*.

[13] *Op. cit.*, pp. 78-81.

Cóndores no entierran todos los días, en el fondo, es una crítica a la demagogia y a la corrupción política que persiste en los grupos burgueses colombianos de la época de la violencia. El tema central de la novela es el asesinato *como expediente político,* tema muy bien logrado a través de las imágenes.

La novela está limitada *en perspectiva histórica.* Una novela que se basa en la interpretación de los hechos en un momento dado tiene que tomar en cuenta el *juego de fuerzas* que integra el elemento de causalidad. Por esta razón la novela narra una serie de hechos auténticos casi exactamente como ocurrieron y la ficción novelesca desaparece por completo.

La novela encierra una fuerte crítica a los políticos colombianos al igual que a las autoridades de la época. Veamos un trozo de la novela que indica claramente la actuación de las autoridades:

Fueron doce días de sangre, doce días de muerte, doce días que terminaron por guardar en lo más recóndito de Tuluá la posibilidad de protesta y dejaron sumida en el más impresionante silencio las calles que hoy también están adoptando la misma situación, aun cuando han pasado muchos años desde esa semana.

Pedro Alvarado, el dueño de la emisora, intentó denunciar el atropello que se cometía con la complacencia de las autoridades municipales, pero tuvo que verse obligado a leer el decreto número 1 453 del gobierno nacional por el cual la condecoración de La orden de San Carlos era entregada al ilustre colombiano don León María Lozano, gestor de muchas lides cívicas, patrocinador del bien público, a quien oscuros asesinos habían intentado ponerle fin creyendo así privar a Tuluá del más egregio de sus hijos. Sin embargo, Pedro Alvarado no calló y esa misma tarde hizo leer una nota firmada por él como comentario a la condecoración en la que daba gracias al cielo por tal gesto ya que de lo contrario las doce noches de terror que Tuluá había vivido, desde cuando León María Lozano volvió a la calle, hubieran seguido hasta dejar a Tuluá convertido en lo que seguramente él y sus pájaros querían: el pueblo de los abuelos.

Vino el gobernador a ponérsela, hubo un multitudinario sancocho de gallina y docenas de cajas de aguardiente vinieron regaladas por las rentas departamentales. La banda de San Pedro amenizó el festejo, pero sólo las doscientas cuarenta y nueve cruces del cementerio respaldaron la condecoración. Esos habían sido los muertos de los doce días. De a once por noche, salvo los diecinueve que mataron en la finca de Rosalbina Ortiz, la viuda avara de Palobonito. Los demás fueron buscados expresamente en sus casas o esperados en el puente blanco, por donde tenían que pasar, convirtiendo ese sitio en el paredón del terror hasta el punto que muchos tulueños, temerosos de terminar pronto, finalizaron viviendo en el otro lado del río sin tener ningún contacto con sus familias, que vivían en el barrio Alvernia.[14]

En la novela se destacan dos amigos íntimos: León María Lozano y el gobierno. Los dos son efigies de una misma moneda política. Ambos se complementan. Como afirma el autor "el gobierno era igual a los pájaros y los pájaros eran igual al gobierno".[15]

Cóndores no entierran todos los días, a diferencia de otras novelas de la violencia en Colombia no se mueve a través de las anécdotas, está basada en la realidad histórica. Aquí está presente el panorama urbano de Tuluá con su fondo turbio lleno de inmoralidades. Aquí se hallan secretamente las figuras militares, los políticos, el "Cóndor" capitán de las cuadrillas de "los pájaros" y todos sus secuaces. Veamos cómo nos ilustra el autor la violencia:

Sin embargo, ni *Relator* ni *El Tiempo* pudieron publicar la noticia porque las llamadas a Bogotá y Cali quedaron suspendidas inmediatamente y cuando intentaron hacerlo porque la noticia les llegó por el radio teléfono de Hernandito Rodríguez, los censores de turno lo impidieron y sólo los de mejor memoria pudieron asociar el aviso grande, que en primera página pagó *El Tiempo* invitando a las exequias, con el nombre que encabezaba la lista aquella, que a todo el mundo había parecido tan atrevida, y que si se juzgaba por el muerto, a León María Lozano le había producido bastante malestar. Arístides Arrieta había muerto en su ley. Era el primer liberal de los grandes que caía. Tampoco fue el último, aunque también por esos días arreciaron los muertos en las montañas y las bandas que centralizaba León María empezaron a matar no solamente en sus rondas nocturnas sino también a pleno día. El gobierno era algo igual a los pájaros y los pájaros algo igual al gobierno.

Sesenta y dos fueron los muertos de Montelero, cuarenta y siete los que enterraron en Bolívar, porque los mataron en la montaña de Primavera, cerca de La Llanada de Aurelio Arango, treinta y dos los que cayeron

[14] *Op. cit.,* pp. 105-106.
[15] *Op. cit.,* p. 121.

en La Habana, por la carretera al Tolima. Todos liberales y todos campesinos. Sus defunciones sólo aparecían en el boletín de la brigada porque la censura había obligado a no titular de muertos. Sin embargo, fueron muchos en muy pocos días y todos tan cerca de Tuluá que un grupo de señoras bien, el padre Nemesio, la presidenta de las Damas de la Caridad, la de Asociación de los Sagrados Corazones y misiá María Cardona, directora de la cofradía, se reunieron a instancias de esta última con la intención de firmar una comunicación a León María solicitándole que interviniera ante sus hombres para que la paz renaciera nuevamente en Tuluá y su comarca. El primero que se opuso a que le enviaran algo a León María fue el padre Nemesio. Alegó que no existía ninguna prueba de que él tuviese poder sobre esas bandas. Misiá María Cardona le increpó que si no era cierto que él lo había visto en Riofrío llegar a tumbar la cárcel, pero el padre Nemesio alegó que si bien eso era cierto, lo otro no lo era y que por una falta no podía juzgar todo lo demás. Las mujeres callaron y finalmente sólo pudo redactarse una carta abierta a todos los hombres de buena voluntad de Tuluá que tuvieran poder o injerencia sobre la violencia que habían sembrado de terror y sangre los campos y calles que cesaran los odios y se consolidara la paz, tratando de parodiar las frases del mensaje final del libertador en San Pedro Alejandrino.[16]

Así vemos que en *Cóndores no entierran todos los días,* los hechos prevalecen sobre las teorías y la pasión sobre la razón. En el fondo del drama, todas las muertes eran deliberadas. El pueblo vivía en tensión esperando a que un buen día el gobierno cambiara. Así la violencia iba por lo subterráneo. Este cuadro de intriga y de política turbia es el que interpreta fielmente Álvarez Gardeazábal. La tesis es cruel y fatalista. El valor estético de la novela no radica en la crudeza de la pintura, radica en la arquitectura que constituye el tema. Radica igualmente en la tensión y en la protesta permanente contra los autores de la violencia de la cual han sido víctimas miles de personas inocentes.

Esa medianoche, en medio de los disparos de la pajaramenta de León María, Josefina Jaramillo vio quemar la casa de Pedro Vicente Cruz y tuvo que recoger entre sus trastos viejos, olorosos a benjuí, a la mujer y a las dos hijas del antiguo concejal liberal, que habían salido por el

[16] *Op. cit.,* pp. 121-123.

solar para refugiarse en el convento de las conchitas. Ya la bala no
bastaba para los pájaros, la candela también se usaba.

No fue eso lo que usaron contra don Andrés Santocolona la tarde que
le correspondió el turno y que por consideración habían saltado. Sentado en la silla de lona, leyendo la prensa de Bogotá, le llegó el pago
por honrado, liberal y caballero. No dispararon un solo tiro, pero lo cosieron a puñaladas por encima del periódico. Su mujer apenas le escuchó
un sordo protestar y creyó que seguramente había leído una noticia
burdamente corregida por la censura, pero cuando volvió a la sala para
sentarse a su lado, como lo había hecho desde el día en que treinta y
siete años atrás se casaron en la basílica del señor de los milagros de
Buga, Rosalbina Rodríguez tuvo que pegarse de la nada porque en la
silla donde estaba su marido sólo quedaba un periódico agujereado y
un chorro de sangre que salía hasta la puerta de la calle. Los pájaros
habían cogido el cadáver del patricio y amarrándolo de un lazo que,
afortunadamente, se reventó en el parque Boyacá, arrastraron su humanidad de servicio por las calles de Tuluá, detrás del famoso carro azul
de la violencia.[17]

El desenlace de la novela ocurre con la muerte de León María
Lozano. La muerte del temido criminal de Tuluá y de diferentes partes
del departamento Del Valle ocurre trágicamente y el novelista así lo
describe en pocas páginas:

Nadie hizo festival ni repitió el carnaval del día que lo envenenaron.
Después de que Josefina Jaramillo dio la noticia, el peso levantado fue
tanto que Tuluá quizás no lo sintió. Sin embargo, hoy, un año y medio
exacto después de su salida, lo está sintiendo como nunca. La emisora
de Efraín Gómez dio la noticia hace unos veinte minutos. Primero hizo
sonar el pedazo de la marcha triunfal de Aída con que comienza el noticiero de mediodía y después él mismo, con su voz de lora mojada,
repitió por tres veces: "Extra, extra; atención, atención, atención; ésta
es una información especial de su noticiero Nuevo Avance Nacional".
Después dio la noticia y la repitió. Inmediatamente empezaron las ventanas de Tuluá a cerrarse una a una, las calles quedaron vacías y el
comercio, que en el año y medio de paz recuperó otra vez el prestigio
que tenía de los días anteriores al nueve de abril, también fue bajando
sus persianas metálicas y desocupando todo territorio. El parque Boyacá,
que era nuevamente el sitio de reunión después de las seis de la tarde,

[17] *Op. cit.*, pp. 132-133.

seguramente que esta noche no va a tener a nadie en sus bancas. Las calles están ya vacías y apenas pasan a la carrera los retrasados en conocer la noticia. Los radios siguen prendidos esperando más informes y aunque el alcalde ha dicho hace un momento que se brindarán todas las garantías necesarias durante la noche de hoy, la mañana de mañana, cuando se produzca, ahora sí, el término oficial de la violencia, los tulueños quizás estén recordando que en los días de la muerte, nadie, absolutamente nadie creyó en el gobierno y mucho menos en la policía y por eso han cerrado íntegramente el pueblo. No hay toque de queda, pero es peor que si lo hubiese. El que quiera salir a la calle sabe que lo hará bajo su responsabilidad. Esta noche deberán llegar de todos los rincones del valle los carros azules. Seguramente traerán placas oficiales porque casi todos los jefes de las bandas y los miembros de ellas han sido colocados en altos cargos dentro del nuevo régimen de entendimiento entre conservadores y liberales. Celín, que finalmente terminó alquilando la casa de León María porque le dieron el cargo de recaudador de rentas departamentales, ha dicho que la casa está lista para el velorio. A León María lo mataron hoy al mediodía en su casa de Pereira, y mañana lo traen a enterrar.[18]

"Durante unos veinte años (1951-1971) el fenómeno histórico de la violencia fue el tema obsesionante de un gran número de novelistas colombianos. Por su importancia en las letras nacionales, sólo es comparable, guardadas las proporciones, a la novela de la Revolución cubana; sin embargo, a diferencia de esos dos fenómenos literarios, todavía no se ha elaborado una buena teoría que sirva para clasificar las más de cuatro decenas de obras que se han publicado sobre el tema, y además, es difícil que se pueda encontrar tal teoría." [19]

Álvarez Gardeazábal es uno de los autores obsesionados con el periodo histórico de la violencia. Seymor Menton, según lo anotado anteriormente, considera que aún no se ha clasificado la novela de violencia en Colombia. *Cóndores no entierran todos los días* representa parte de la historia del periodo bélico de la violencia en una porción de tierra colombiana y además es la típica novela de la violencia que refleja la vergüenza nacional por la acción de las autoridades y de los políticos. Así el mismo autor de esta novela explica este fenómeno:

[18] *Op. cit.*, p. 143.
[19] Seymor Menton, *La novela colombiana*: *Planetas y satélites*. Editorial Plaza y Janés. Colombia, 1978, p. 219.

Nadie quiere acordarse de ese pecado nacional. Unos y otros se sienten culpables. Los unos porque establecieron la violencia, los otros porque no fueron capaces de atajarla o de denunciarla. Los muertos fueron uno más y los que los mataron, otros.[20]

El tema de la violencia es una constante en la narrativa de Álvarez Gardeazábal. Así la encontramos en *La boba y el Buda, La tara del papa, Cóndores no entierran todos los días* y *Dabeiba*. Refiriéndose a este hecho, Miguel J. Doudoroff, en un estudio crítico dice:

Como representaciones e interpretaciones de actos violentos, estos textos individualmente y en conjunto forman una visión metonímica de su contexto histórico, la época de la violencia en Colombia.[21]

La violencia es tan vulgar que llega a repugnar al lector. Veamos algunos pasajes en donde León María Lozano, "El Cóndor", se halla directamente comprometido y en donde el autor se refiere a otra de sus obras:

Dijeron que sí o que no, de eso no se acuerda la niña, pero como eran tantos, más de veinte, y con tanto machete y tanta pistola, Rafael Izquierdo, Rosaura Aguilera y los siete peones de la finca de don Pablo Maya se murieron a pedacitos. A uno de ellos le pusieron la primera bala entre las dos cejas. Cuando cayó lo recibió un machetazo, la sangre que salpicó le cayó en la cara a Rosaura Aguilera. Fue cuando le dispararon cara a cara a Rosaura Aguilera. Fue cuando le dispararon por detrás y tuvo la fortuna de no ver morir ni a su marido, al que le cortaron una mano y después le amarraron dos mulas para que se acabara de morir, ni a ninguno de los otros seis peones que se murieron sin cabeza o con las manos buscándose las orejas que se las perforaron a tiros.[22]

León María es la personificación de "La violencia". De vendedor de quesos pasa a ser líder político y elemento de gran importancia para el gobierno en turno. En la vida pública, León María es un miembro leal del partido conservador. El nombre de "El Cóndor" se extien-

[20] Gustavo Álvarez Gardeazábal; "México y Colombia: Violencia y revolución". *Nuevo Mundo*, núms. 57-58, 1971, p. 78.
[21] En *Aproximaciones a G. Álvarez G.*, p. 32.
[22] *Op. cit.*, pp. 116-117.

de rápidamente llegando a convertirse en personaje de leyenda mitológica. Veamos cómo el autor de la novela lo considera:

> Fue algo así como una condecoración no otorgada a León María Lozano y que sirvió para alentar la leyenda y entonces empezar a decir que un solo hombre, armado con un tabaco y sentado encima de una caja de dinamita, había ido tirando uno a uno los tacos, devolviendo una chusma de casi cinco cuadras que ya había sembrado el pánico y la destrucción. Doña Midita fue la encargada de empezar a divulgar su versión y aumentar a cada visita el diálogo que terminó recitando solamente en sus días de desvarío. León María, sin embargo, no fue consciente en los primeros días de lo que había hecho, y aun cuando siguió madrugando para ir a vender en su puesto de la galería, poco a poco se fue dando cuenta que no solamente le compraban más quesos, en algo así como el premio por su labor católica, sino que los muchachitos de las escuelas pasaban por su puesto del costado sur del patio de los plátanos como quien va a mirar las vistas de tipos de la película del teatro.[23]

[23] *Cóndores no entierran todos los días, op. cit.,* pp. 13-14.

CONCLUSIÓN

EN ESTE breve estudio nos hemos propuesto mostrar la violencia en las novelas comprendidas bajo el nombre de *La novela de la violencia en Colombia,* las que hemos tratado de analizar en catorce novelas que señalan la hecatombe en los siguientes departamentos de Colombia: Magdalena, Tolima, Cundinamarca, Boyacá, Santander, Los llanos orientales, Antioquia, Caldas, el Quindío y el Valle.

Hemos querido demostrar que los aspectos referidos se desarrollan en diferentes lugares del país a pesar de ciertas similitudes que en ocasiones pueden presentarse.

El trabajo se inicia con la interpretación crítica del escritor Gabriel García Márquez, analizando sus novelas *La hojarasca, El coronel no tiene quien le escriba, La mala hora* y *Cien años de soledad.*

La hojarasca, la primera novela de García Márquez, señala una orientación faulkneriana, en la cual aparece por primera vez su famoso *Macondo,* caluroso, apacible, monótono y envuelto en una atmósfera de costumbres feudales en el litoral norte de Colombia, en donde la narrativa intuye los primeros brotes de violencia. Tanto en *El coronel no tiene quien le escriba,* como *La mala hora,* la violencia se deduce con claridad en la voz del "autor", voz de la novela. En ambas novelas García Márquez demuestra que la violencia se presenta en virtud de la represión oficial, represión organizada por las instituciones gubernamentales. En *El coronel no tiene quien le escriba,* la violencia forma aspectos consuetudinarios y el estado de sitio se transforma en un hecho institucional, sin que esta forma de vivir altere el estado anímico de sus personajes. En *La mala hora* al igual que en *El coronel no tiene quien le escriba,* el autor señala el aspecto socioeconómico, pues los habitantes que se pusieron al lado del alcalde en el momento de la represión pudieron obtener tierras y haberes de sus enemigos políticos. La violencia en estas dos novelas indican sin equívocos el fondo histórico de la violencia colombiana.

En *Cien años de soledad,* aparece de nuevo la soledad de Macondo, en medio de un mundo real maravilloso, donde se nos narra esa fantástica historia de las bananeras en donde llovió cuatro años, once meses y dos días, agua que tan sólo alcanzó para limpiar la sangre de la masacre de los episodios de la huelga bananera, en donde ciertos elementos de la realidad se mezclan con elementos irreales, produciendo en la mente del lector hechos fantasmagóricos. La voz omnisciente de la novela señala la interpretación de la vida política de Colombia y especialmente una interpretación de la vida de los obreros de las bananeras. La historia de la novela va hacia una reinterpretación de la vida política que abarca justamente el periodo de un siglo.

Álvaro Cepeda Samudio en su novela *La casa grande* trae el mismo tema de la masacre de las bananeras. La acción de la novela se desarrolla en la zona bananera del Departamento del Magdalena cuando los soldados del ejército se disponían a reprimir la huelga de obreros que pedían condiciones más humanas en su trabajo. El conjunto de capítulos de la novela marca en diferentes formas el aspecto dominante de la narración: la represión brutal de la huelga. El argumento no sigue la técnica líneal de la narrativa tradicional sino que toma las características de la narrativa de Faulkner, Wolf y Joyce.

Manuel Zapata Olivella, médico de pobres como su colega el mexicano universal Mariano Azuela, toma el material de sus pacientes que une luego a su producción literaria. Se destaca el estilo de Zapata Olivella por la dramaticidad de su temática. En su novela *La calle 10,* el novelista nos conduce por una calle de "gamines", prostitutas, rateros, mendigos e inválidos en un sector céntrico en plena capital colombiana, lugar donde la violencia se institucionaliza y al final se produce un hecho revolucionario donde centenares de personas se hallan entre la vida y la muerte.

La violencia se da como fruto del medio ambiente donde se mueven los personajes que pululan sin rumbo. El autor se enfrenta con este tema hasta desembocar con el tema de la violencia ante el famoso acontecimiento del "Bogotazo", hecho acaecido el 9 de abril de 1948, a raíz del asesinato del líder liberal Jorge Eliécer Gaitán y en el cual murieron más de diez mil personas. La segunda novela de Zapata Olivella, *Detrás del rostro,* continúa la línea de denuncia del autor. La obra se centra en la vida del "gamín", fruto de la violencia. El protagonista principal, un niño huérfano, por la violencia, cuyos padres han sido asesinados en el área rural del Departamento del Tolima durante este periodo. El niño recorre las calles bogotanas hasta convertirse en "gamín" empujado por la situación económica. La historia narrada en la novela quizá parte de una experiencia profesional del autor, pues el novelista fue médico de diferentes hospitales del país en donde casos similares a los del niño huérfano eran atendidos. El autor nos presenta en *Detrás del rostro* un cuadro de la vida real cotidiana en su profesión de médico, cuadro que nos intuye un desenlace de violencia.

Eduardo Caballero Calderón, presenta en su novela *El Cristo de espaldas, Siervo sin tierra,* y *Manuel Pacho,* la plena violencia que se dio en esta época en el país. Las tres novelas nos narran la vida infrahumana de los campesinos colombianos a través de la historia. Veamos lo que dice el autor en *El Cristo de espaldas:* "Los campesinos eran los siervos, los desposeídos, los miserables. Su tierra quedaba siempre expuesta al capricho de los caciques, que los echaban de ella en cuanto les venía en gana. Sus mujeres seguían cayendo derrengadas por la paliza dominical y el duro trabajo cotidiano. Sus hijas nacían hipotecadas al patrón, como los bueyes o los marranos. Sus hijas seguían sirviendo de criadas o meretrices a los amos. Pero, por una fuerza de inercia, que en el fondo no era sino la miseria e ignorancia, los campesinos eran liberales si habían nacido en la finca de don Pío Quinto Flechas, en el páramo, y conservadores si alguna vez recibieron cepo y latigazos en la hacienda de los Piraguas." [1] En esta novela, a partir del capítulo séptimo la violencia política se presenta en todo su furor. La policía asesina a los campesinos sin piedad, mientras las mujeres huyen de la barbarie oficial. Veamos una descripción del autor: "Las campesinas, presurosas y desencajadas por el terror, no fueron capaces de explicar cosa alguna. Una de ellas dijo que los guardias se habían trabado en batalla con los parameros de don Pío Quinto. Las sementeras de maíz y los rancheríos de la gentecita que vive allí de cuidar ovejas, ardían en las hogueras que dispersaba el viento. Santiguándose, siguieron camino abajo, como ovejas asustadas, hacia el otro pueblo." [2] La novela *Siervo sin tierra,* es quizá la más difundida y traducida de Eduardo Caballero Calderón. En esta obra de nuevo nos muestra la vida miserable del campesino, en esta ocasión representada por Siervo Joya, en donde el autor señala la realidad de la vida del hombre del agro y la avaricia, el egoísmo y la falta de con-

---

[1] *Obras de Eduardo Caballero Calderón,* Novelas y relatos, Editorial Bedout, Medellín, Colombia, 1964, pp. 490-491.
[2] *Op. cit.,* p. 561.

ciencia del feudalista. Para describir este hecho, Caballero Calderón toma una región muy familiar suya: Boyacá. La parte central de la novela es Siervo Joya, protagonista principal, mostrando la injusticia que venía cometiendo la violencia, y por tanto Siervo Joya, una de las primeras víctimas. La trama se desarrolla en función del protagonista, quien encarna al campesino ingenuo y desvalido, ante el poder del terrateniente. *Siervo sin tierra,* es una novela de protesta social. En ella el autor critica severamente la vida feudalista en la cual está sujeto el campesino. Parte la acción desde 1946 cuando se efectuaban las elecciones presidenciales. Siervo Joya, el protagonista de la novela estuvo pensando durante toda su vida en un pedacito de tierra para su propiedad. El transcurso de sus años los pasó trabajando para el hacendado tres días a la semana a fin de obtener un poco de agua para su casa.

La tercera novela de Eduardo Caballero Calderón analizada en este trabajo es *Manuel Pacho.* La acción se sitúa en Orocue, en Los llanos orientales colombianos, uno de los lugares más azotados por la violencia. Refiriéndose a esta novela nos dice Helga Krüger: "Un problema social sirve a un concepto filosófico y se convierte en una acusación humana lanzada desde el punto de vista del más débil, de la víctima. Así Caballero Calderón acusa a los partidos que nutren a la violencia, sin tener participación personal, en la lucha política, sin echar la culpa a una posición política determinada. Así la novela se eleva de la determinación temporal que sufren todos los libros con tendencia meramente política, y se convierte, acusando a una situación histórica, en un documento del hombre que queda válido para todos los países y tiempos.

"La tesis constituye la falla y la fuerza del relato. La falla consiste en la imposibilidad de generalizar el heroísmo del personaje, la fuerza en su intensidad para plantear las consecuencias de la violencia sobre un individuo." [3]

Manuel Mejía Vallejo, con su novela *El día señalado,* intuye la violencia en el departamento de Antioquia. La acción se desarrolla en un pueblo denominado Tambo. "Un pueblo olvidado de Dios. Los que quedaban eran indigentes con odio y terror, sin ganas de vivir

---

[3] Helga Krüger, "El autor y la novela de violencia," en *Boletín Cultural y Bibliográfico,* 1965, vol. VII, núm. 3, p. 392.

ni de morir." [4] Centenares de pueblos como Tambo fueron aniquilados debido a la violencia y todos sus moradores vivieron la angustia, el terror, la miseria y la injusticia de los partidos de turno, triste realidad nacional de los años que enmarca la época de la violencia.

Los personajes centrales de la novela son: el sepulturero, el sargento Mataya, el alcalde y el padre Barrios. El sepulturero y el sargento Mataya representan símbolos de la violencia. Desde las primeras páginas son los protagonistas que la crean. El sargento Mataya, representante de la autoridad exclama: "Matar y morir es mi profesión... Cuando el día llegue no seré yo quien retroceda." [5]

El novelista nos señala cómo la violencia creó una insensibilidad en la gente llevando a considerarla como algo normal en el ritmo cotidiano. El alcalde de Tambo ni aun le preocupaban los hechos de la violencia. "Le molestaba que lo obligaran a pensar, a repetir lo dicho. Si unos meses antes, al llegar, le escocía la conciencia, la costumbre lo hizo impermeable al dolor ajeno, la violencia se fue convirtiendo en un hecho cotidiano al que se acostumbró la moral." [6] En Tambo, no sólo el sepulturero, el sargento Mataya y el alcalde han perdido la sensibilidad, sino los contertulios de la gallera, y todo se ve normal ante el clima de la violencia. El padre Barrios nos lo muestra en un diálogo con los galleros de Tambo: "¿A nadie le importa la muerte de los demás? Alzó el brazo para señalar el Páramo.

"¿Saben cuántos soldados cayeron en los desfiladeros? ¿Saben cuántos guerrilleros murieron anoche? ¿Saben cuántos cadáveres hay en el cementerio? ¡Y ustedes pendientes de dos hombres que quieren morir, de unos gallos, de...!" [7]

La narración global de *El día señalado* se funde en tres niveles: el político, el espiritual y el social. Estos tres niveles muy bien logrados por Manuel Mejía Vallejo corresponden a la condición histórica de una realidad concreta en un momento singular de existencia colombiana. El primero de ellos representa la lucha feroz entre guerrilleros y militares. El segundo se señala a través de la labor del padre Barrios, pastor espiritual de Tambo. El tercero corresponde al joven héroe de

[4] Manuel Mejía Vallejo, *El día señalado*, Ediciones Destino, Barcelona, 1963, p. 18.
[5] *Op. cit.*, p. 154.
[6] *Op. cit.*, p. 97.
[7] *Op. cit.*, p. 222.

la novela, cuyo destino se centra en la venganza a partir del engaño de su madre.

Euclides Jaramillo Arango, en su novela *Un campesino sin regreso*, señala la violencia en los departamentos de Caldas y el Quindío, unos de los departamentos que más sufrieron el efecto de la violencia dada la circunstancia de su rica economía, pues sin equívocos son las regiones junto con el Tolima de mayor producción cafetalera.

Jaramillo Arango nos hace percibir la violencia sin necesidad de mostrar las masacres humanas propias de la época. El autor con un fino estilo artístico nos conduce a través de la ficción a contemplar la violencia que se daba en aquel periodo sin aludir a cuadros sangrientos. El novelista se centra en el amor a la tierra del campesino, campesino inocente de antaño que cae envuelto en la tragedia que no esperaba, y que sufre las consecuencias de los políticos de turno, quienes los empujan a una lucha tras un ideal político que el campesino desconocía. Veamos la voz del autor (voz de la novela) que explica la violencia en Caldas y el Quindío: "La maleza lo invadía todo y aquel año no había más cosechas que las escasas fruto del trabajo de las mujeres y los niños que permanecieron abandonados por los hombres cuando éstos se marcharon a hacerse matar en aras de un ideal noble, pero que muchos de ellos quizás desconocían, o bien porque desesperadamente le quisieron buscar una solución, cualquiera que fuese, a la tremenda situación que los perseguía." [8]

El novelista hace énfasis de la vida del campesino antes y después de la violencia. Antaño la vida era un placer, y el autor rememora nostálgicamente un pasado inolvidable de algo que se ha perdido por la violencia. Sorpresivamente llega la política a la región, y el paraíso se transforma en fuego. La violencia política se desata como un huracán y la gente huye sin dirección para salvar sus vidas, buscando refugio en las capitales, en las cuales la psiquis del campesino se trastorna creándoles grandes traumas psicológicos propios de una abrupta transculturación por el intempestivo cambio.

Finalmente analizamos los novelistas que narran la violencia en el Departamento del Valle: Daniel Caicedo y Gustavo Álvarez Gardeazábal. Caicedo, autor de *Viento seco* enmarca los hechos sangrientos ocurridos de 1946 a 1953 en un pueblo del Valle, Ceilán, al igual que

[8] Euclides Jaramillo Arango, *Un campesino sin regreso*, Editorial Bedout, Medellín, Colombia, S. A., p. 23.

los trágicos acontecimientos de la *Casa Liberal* de la ciudad de Cali, ocurridos el 22 de octubre de 1948.

Viento seco, es la primera novela de la violencia aparecida en Colombia, y sin equívocos una de las más populares en la primera década de 1950 a 1960. Los hechos son narrados por la voz omnisciente de Antonio Gallardo, el personaje central, que nos entrega el testimonio más tremendo, macabro y cruel de la violencia en el Departamento del Valle.

Los episodios de *Viento seco* se narran en forma lineal, y tienen una analogía con la novela *Los de abajo,* del mexicano Mariano Azuela, novela pionera de la Revolución Mexicana, o como en todas las novelas inspiradas en realidades semejantes, donde los sucesos se acomodan uno tras otro a fin de mostrar la realidad cruda y directa, pero de esa realidad que se sirve en el fluir del tiempo sólo se escogen los sucesos más dramáticos e impresionantes. En *Los de abajo,* y en *Viento seco,* se percibe como una serie de fotografías instantáneas, recuerdos gráficos imprevistos, informales, de un conjunto de campesinos y pueblerinos que son víctimas de la violencia oficial. Una literatura de este tipo crea una técnica de vibrantes cuadros y episodios sucesivos, técnica que la despoja de una formalidad literaria, que ha ido adquiriendo el prestigio de un claro procedimiento literario, de un tratamiento consciente de una literatura de urgencia.

Daniel Caicedo no desarrolla psicológicamente bien a sus personajes, por lo tanto no reflexionan, no monologan y existe poco diálogo. En ocasiones la novela carece de un plan metodológico de su material, falta que es razonable, pues la novela pertenece al grupo de la "literatura de urgencia", que a su vez crea "una estética de urgencia". La novela como cualquier Revolución no tiene un plan definido.

La historia se simplifica en la novela. La historia no trasciende al pasado y sólo se desarrolla en el presente o sea que permanece en el efecto de "causalidad", así el lector se halla imposibilitado de encontrar una relación histórica entre el presente y el pasado que sirva de guía para interpretar la violencia como fenómeno histórico y no se quede en el plano de lo superficial.

"Aparentemente la novela presenta una crónica sensacional de la violencia, pero en realidad, ella se compadece con los hechos y en consecuencia constituye la obra en aquella que mejor muestra o hace la radiografía de las formas de la muerte, de la anatomía de la violencia.

Descripción intensa, natural, real y fotográfica de incalculable valor documental y sociológico dado que muestra a qué extremos llegó la violencia en una zona como el Valle del Cauca. A este valor documental se opone la precariedad de la elaboración literaria, que hace de ésta, como de otras muchas novelas sobre la violencia, prácticamente simples colecciones de muertes." [9]

Gustavo Álvarez Gardeazábal es el último de los novelistas del que se ocupa este trabajo. Álvarez Gardeazábal en su novela *Cóndores no entierran todos los días,* narra cronológicamente los hechos de la violencia que se desarrollaron en Tuluá, en el Valle.

La novela se centra en la vida y obra del personaje central, León María Lozano, ciudadano católico y conservador de Tuluá, quien a raíz de los sucesos trágicos del 9 de abril de 1948 en Colombia, se convierte en el asesino más vulgar y temido en la época de la violencia colombiana en el Departamento del Valle. León María Lozano conocido bajo el nombre de "El Cóndor", actúa como jefe de las pandillas reconocidas como "los pájaros", quienes sembraron el terror en todo el Departamento del Valle, y también en los departamentos de Caldas y del Quindío. Según la voz narrativa del autor, "El Cóndor", es responsable de tres mil quinientas sesenta y nueve muertes de la violencia en Tuluá:

> El nuevo gobierno, obedeciendo al clamor público, pero al mismo tiempo conservando su línea política que le impedía procesarlo, obligó, por medio del decreto supremo, la extradición del territorio de Tuluá para León María Lozano, en la misma forma como había determinado la misma medida para otra docena de jefes políticos de reconocida fama en el resto del territorio nacional. No lo desterraron porque la constitución no lo permitía y no lo metieron a la cárcel, como seguramente lo estarían pidiendo desde sus tumbas los tres mil quinientos sesenta y nueve muertos de la violencia que fueron enterrados en el cementerio de Tuluá. [10]

La trama de la novela está representada en la novela por su personaje central León María Lozano, "El Cóndor", personaje retraído,

[9] Luis Iván Bedoya-Augusto Escobar, *Viento seco,* Ediciones Hombre Nuevo, Medellín, Colombia, S. A., 1980, p. 43.

[10] Gustavo Álvarez Gardeazábal, *Cóndores no entierran todos los días,* Ediciones Destino, Barcelona, 1972, pp. 140-141.

cuya astucia y ambición van dibujando una psicología arquetípica y mitificadora.

Cóndores no entierran todos los días en el fondo, es una crítica a la demagogia y a la corrupción política que persiste en los grupos burgueses colombianos de la época de la violencia. El tema central de la novela es el asesinato *como expediente político,* tema muy bien logrado a través de las imágenes.

La novela está limitada en *perspectiva histórica.* Una novela que se basa en la interpretación de los hechos en un momento dado tiene que tomar en cuenta el *juego de fuerzas* que integra el elemento de causalidad. Por esta razón la novela narra una serie de hechos auténticos casi exactamente como ocurrieron y la ficción novelesca desaparece por completo.

En la novela se destacan dos amigos íntimos: León María Lozano "El Cóndor", y el gobierno. Los dos son efigies de una misma moneda política. Ambos se complementan. Como afirma la voz narrativa del autor "el gobierno era algo igual a los pájaros y los pájaros algo igual al gobierno".[11] "El Cóndor" era el jefe de "los pájaros", nombre que se les daba a los asesinos a sueldo en este periodo trágico en el Departamento del Valle y los departamentos vecinos.

La novela encierra una fuerte crítica a la corrupción de los políticos y al gobierno de turno. El novelista muestra cómo una de las distinciones de más mérito nacional, como es la condecoración de *La orden de San Carlos,* condecoración que se otorga a los héroes y a personas que han contribuido con valiosos aportes a la patria, también se le adjudicó por decreto nacional a León María Lozano "El Cóndor", autor de tres mil quinientos sesenta y nueve asesinatos en Tuluá, Valle. Veamos cómo describe el novelista este hecho:

Pedro Alvarado, el dueño de la emisora, intentó denunciar el atropello que se cometía con la complacencia de las autoridades municipales, pero tuvo que verse obligado a leer el decreto número 1 453 del gobierno nacional por el cual la condecoración de *La orden de San Carlos* era entregada al ilustre colombiano don León María Lozano, gestor de muchas lides cívicas, patrocinador del bien público, a quien oscuros asesinos

---

[11] *Op. cit.,* p. 121.

habían intentado ponerle fin creyendo así privar a Tuluá del más egregio de su hijos.[12]

Para terminar con esta conclusión, nos permitimos insertar las palabras del escritor Ariel Dorfman sobre la violencia en América:

La agresión ha comenzado hace mucho tiempo: América es fruto de una violencia prolongada, de un saqueo continuo, de la guerra civil y fratricida en toda su geografía. El mundo está dado con ciertas dimensiones evidentes. Cuando encontramos al personaje por primera vez, cuando lo sentimos ir naciendo en los ojos-vientre del lector, ya hay un mundo concreto rodeándolo, lleno de sombras y puños y rifles, que él acata y crea de nuevo con sus decisiones, pero que lo envuelve desde antes, desde un lejano, intangible antes, casi como un pecado original, la estructura que nuestros padres nos han legado y que ellos a su vez recibieron de sus padres, de generación en generación cambiando y siendo determinadas, esta herencia de temprana muerte posible, nuestro patrimonio, nuestra condena, tal vez nuestra salvación.[13]

---

[12] *Op. cit.*, pp. 105-106.
[13] Ariel Dorfman, *Imaginación y violencia en América*, Santiago de Chile, Editorial Universitaria, 1970, p. 11.

BIBLIOGRAFÍA

LIBROS

1) Arriaga Andrade, Adán, *La obra social del partido liberal,* T. II, Editorial Minerva, Bogotá, 1946.

2) *Asedios a García Márquez,* Editorial Universitaria, S. A., Santiago de Chile, 1969.

3) Bedoya, Luis Iván y Augusto Escobar, *La novela de la violencia en Colombia, La mala hora,* Ediciones Hombre Nuevo, Medellín, Colombia, 1980.

4) Bedoya, Luis Iván y Augusto Escobar, *Viento seco,* Ediciones Hombre Nuevo, Medellín, Colombia, 1980.

5) Bollettino, Vincenzo, *Breve estudio de la novelística de García Márquez,* Editorial Playor, Madrid, 1973.

6) Borda, Fals, *Subversión y cambio social,* Editorial Tercer Mndo, sin fecha.

7) Bronx, Humberto, *La violencia. Veinte años de novela colombiana,* Academia colombiana de Historia, Medellín, sin fecha.

8) Carreras González, Olga, *El mundo de Macondo en la obra de Gabriel García Márquez,* Ediciones Unviersal, Miami, 1974.

9) Cortés Vargas, Carlos, *Los sucesos de las bananeras,* Editorial Desarrollo, Bogotá, 1979.

10) Dorfman, Ariel, *Imaginación y violencia en América,* Editorial Universitaria, Santiago de Chile, 1970.

11) García Márquez, Gabriel, *Chile, el golpe y los gringos,* Editorial Latina, Bogotá, 1974.

12) Giacoman, F. Helmy, *Homenaje a Gabriel García Márquez,* L. A. Publishing Company, Inc., Nueva York, 1972.

13) Monseñor Guzmán y otros, *La violencia en Colombia,* Ediciones Tercer Mundo, 2a. ed., 1962.

14) Herrera Soto, Roberto y Rafael Romero Castañeda, *La zona bananera del Magdalena,* Instituto Caro y Cuervo, Bogotá, Colombia, 1978.

15) Mena, Lucila Inés, *La función de la historia en "Cien años de soledad",* Plaza & Janés, S. A., Barcelona, 1979.

16) Menton, Seymour, *La novela colombiana: Planetas y satélites,* Plaza & Janés, S. A., Barcelona, 1978.

17) Mircea, Eliade, *The Myth of the Eternal Return,* Princeton University. Princeton, N. J., 1965.

18) Moriningo, Mariano, *El tema de nuestra novela,* Ediciones de Cardón, Buenos Aires, 1966.

19) Niedergang, Marcel, *Les vingts Amériques latines,* T. II, Ediciones du Seuil, Paris, 1962.

20) Osorio Lizarazo. J. A., *Gaitán: vida y muerte y permanente presencia.* Colección Meridiano de América, vol. II, Buenos Aires, 1952.

21) Suárez Rondón, Gerardo, *La novela sobre la violencia en Colombia*, Bogotá, Colombia, 1966.
22) Ungar, Frederick, *Gabriel García Márquez*, Publishing Co., Nueva York, 1977.
23) Vargas Llosa, Mario, *García Márquez de Aracataca a Macondo. La novela hispanoamericana actual*, Las Américas Publishing Company, Nueva York, 1971.
24) Williams, Raimond, *La novela colombiana contemporánea*, Plaza & Janés, S. A., Bogotá, Colombia, 1981.
25) Williams, Raimond L., *Una década de la novela colombiana*, Plaza & Janés, S. A., Bogotá, Colombia, 1981.
26) Zapata Olivella, Manuel, *Tierra mojada*, prólogo de Ciro Alegría, Editorial Ballón, Madrid, 1964.

ARTÍCULOS

1) Gustavo Álvarez Gardeazábal, "México y Colombia: violencia y revolución", *Nuevo Mundo,* 1971.
2) Dolly Aristizabal, "Siervo sin tierra", monografía inédita, Seminario Andrés Bello, Instituto Caro y Cuervo, Bogotá, 1965.
3) Steven M. Bell, "Hacia el apocalipsis: La violencia en los cuentos de Álvarez Gardeazábal", *Crítica Hispánica,* East Tennesse State University, Johnson City, vol. II, 1981.
4) José Contante Bolaño, "La calle 10", *La República,* 1960.
5) Rubén Ruiz Camacho, "Detrás del rostro", BCB, VII, núm. 2, Bogotá, 1965.
6) Gloria Pachón Castro, "El drama de la niñez, víctima de la violencia", *El Tiempo,* 1964.
7) Ricardo Cano Gaviria, *Magazine dominical de El Espectador,* Bogotá, 1966.
8) Antonio García, "Prólogo de *Viento seco*".
9) Omar González González, "Notas sobre la violencia en Colombia", inédito, Bogotá, 1963.
10) Lydia D. Hazera, "Estructura y temática de *La mala hora* de Gabriel García Márquez", *Thesaurus,* Bogotá, Colombia, 1973.
11) Helga Krüger, "El autor y la novela de violencia", *Boletín Cultural y Bibliográfico,* Bogotá, Colombia, vol. VII, núm. 3.
12) Pedro Lastra, "La tragedia como fundamento estructural de *La hojarasca*", en el libro *Homenaje a G. G. Márquez,* Nueva York, 1972.
13) Hidelbrando Juárez, "Entrevista al escritor colombiano Manuel Zapata Olivella", *El Mundo,* San Salvador, 1967.
14) Kurt L. Levy, "Manuel Mejía Vallejo, novelista colombiano", conferencia leída por el profesor Levy en la sección de Literatura Latinoamericana de la American Association of Teachers of Spanish and Portugese, en Chicago, diciembre de 1965.
15) Carlos Lleras de la Fuente, "La literatura de la violencia", *Boletín cultural y bibliográfico del Banco de la República,* vol. IV, núm. 7, 1961.
16) Brian J. Mallett, "Política y fatalidad en *La hojarasca* de G. García Márquez", *Revista Iberoamericana,* núms. 96-97, 1967.

17) G. García Márquez, "Dos otras cosas sobre la novela de violencia", *Tabla redonda*, núms. 5-6, 1968.

18) Graciela Maturo, "El sentido religioso de *La hojarasca*", *Eco*, Bogotá, Colombia, núms. 141-142.

19) Lucila Inés Mena, "La función de los prólogos en *El día señalado*", *Hispanoamérica*, 1980.

20) Lucila Inés Mena, "La huelga de la compañía bananera como expresión de los 'Real Maravilloso' americano en *Cien años de soledad*", *Bulletin Hispanique*, vol. 74, 1972.

21) Lucila Inés Mena, "Bibliografía anotada sobre el ciclo de la violencia en la literatura colombiana", *Latin American Research Review*, vol. XIV, núm. 3, 1978.

22) Lucila Inés Mena, "*Cien años de soledad*: Novela de la violencia en Colombia", *Hispanoamérica*, núm. 5, 1976.

23) Klaus Meyar-Minnermann, "Texto/Contexto en la Literatura Iberoamericana", Memoria del XIX Congreso, Pittsburgh, 1979.

24) Manuel Zapata Olivella, "Creación y autenticidad: América mestiza, un gran tema de la novela", *El Tiempo*, Bogotá, 1963.

25) Laura Restrepo, "Niveles de realidad en la literatura de la violencia en Colombia", *Ideología y sociedad* (17-18): 7-35, abril-septiembre de 1976.

26) Russell W. Ramsey, "Critical Bibiliography on la violencia en Colombia", *Latin American Research Review*, vol. 8, núm. 1, 1973.

27) Alberto Ospina Zanluoga, "Sobre la novelística de la violencia en Colombia", *Cuadernos Hispanoamericanos* (216): 597-608, octubre de 1969.

28) Maruja Vieira, "La mano de Caín", lecturas dominicales de *El Espectador*, Bogotá.

ÍNDICE

Advertencia 9
Introducción 11

Gabriel García Márquez 23

    La hojarasca: primer Macondo 25
    La mala hora 36
    Cien años de soledad 50
Manuel Zapata Olivella 63
    La calle 10 65

      División de la novela, 68

    Detrás del rostro 72
Álvaro Cepeda Samudio 78
    La casa grande 78
Eduardo Caballero Calderón 91
    El Cristo de espaldas 92
    Siervo sin tierra 99
Manuel Mejía Vallejo 111
    El día señalado 111
Euclides Jaramillo Arango 121
    Un campesino sin regreso 121
Daniel Caicedo 127
    Viento seco 127
Gustavo Álvarez Gardeazábal 138
    Cóndores no entierran todos los días 139

Conclusión 155
Bibliografía 165

Este libro se terminó de imprimir el
29 de abril de 1985 en los Talleres
de Editorial Galache, S. A., Privada
del Dr. Márquez 81, 06720 México
D.F. En la composición se emplea-
ron tipos Baskerville de 8:10, 10:12,
11:13 y 12 puntos. El tiro fue de
5 000 ejemplares.

Nº   4969

OTROS TÍTULOS DE LA COLECCIÓN

TIERRA FIRME

Aguirre Beltrán, Gonzalo. *La población negra de México.*
Benítez, Fernando. *La ruta de Hernán Cortés.*
Borges, Jorge Luis. *Siete nochess.*
Brushwood, John S. *La novela hispanoamericana del siglo XX.*
Cerutti Guildberg, Horacio. *Filosofía de la liberación latinoamericana.*
Fuentes, Carlos. *Agua quemada.*
García, M. R. *Carlos Chávez. Vida y obra.*
González, José Luis. *Literatura y sociedad en Puerto Rico.*
Heller, C. *El ejército como agente del cambio social.*
Lara, Jesús. *La poesía quechua.*
Manley, M. *La política del cambio.*
Miró Quezada, Francisco. *Despertar y proyecto del filosofar latinoamericano.*
Morin, Claude. *Michoacán en la Nueva España del siglo xviii.*
Mutis, Álvaro. *Caravansary.*
O'Gorman, Edmundo. *La invención de América.*
Ortega, Julio. *La cultura peruana.*
Ortega y Medina, Juan A. *La evangelización puritana en Norteamérica.*
Padilla Bendezu, Abraham. *Huamán Poma, el indio cronista dibujante.*
Rodríguez-Luis, Julio. *Hermenéutica y praxis del indigenismo.*
Roig, Arturo A. *Teoría y crítica del pensamiento latinoamericano.*
Rojas, Gonzalo. *Del relámpago.*
Ranfeldt, David. *Atencingo.*
Silva Castro, R. *Estampas y ensayos.*
Skirius, John. *El ensayo hispanoamericano del siglo xx.*
Villanueva, Tino. *Chicanos.*
Westphalen, Emilio Adolfo. *Otra imagen deleznable.*
Zavala, Silvio. *Filosofía de la Conquista.*
Zea, Leopoldo. *Filosofía de la historia americana.*